农家丛书 法律知识
农民案中学法小丛书
时代新农村建设书系·民主与法治系列

重庆市新闻出版局策划

重庆市司法局　重庆市法学会　主编
杨家学　编著

农民经商理财
法律案例精讲

重庆出版集团　重庆出版社

图书在版编目(CIP)数据

农民经商理财法律案例精讲/重庆市司法局,重庆市法学会主编;杨家学编著. —重庆:重庆出版社,2010.8
(农民案中学法小丛书)
ISBN 978-7-229-01042-3

Ⅰ.农… Ⅱ.①重… ②重… ③杨… Ⅲ.经济法—案例—分析—中国 Ⅳ.D922.290.5

中国版本图书馆CIP数据核字(2009)第198981号

农民经商理财法律案例精讲
NONGMIN JINGSHANG LICAI FALU ANLI JINGJIANG
杨家学 编著 吴庆渝 插图

出 版 人:罗小卫
责任编辑:傅乐孟
责任校对:廖应碧
装帧设计:重庆出版集团艺术设计有限公司·钟丹珂 吴庆渝

重庆出版集团
重庆出版社 出版

重庆长江二路205号 邮政编码:400016 http://www.cqph.com
重庆出版集团艺术设计有限公司制版
重庆现代彩色书报印务有限公司印刷
重庆出版集团图书发行有限公司发行
E-MAIL:fxchu@cqph.com 邮购电话:023-68809452
全国新华书店经销

开本:787 mm×1 092 mm 1/32 印张:5 字数:105千
2010年8月第1版 2010年8月第1次印刷
印数:1~16 000册
ISBN 978-7-229-01042-3
定价:9.80元

如有印装质量问题,请向本集团图书发行有限公司调换:023-68706683

版权所有 侵权必究

内容提要

本书主要立足于农民如何依法从事经营活动,通过对典型案例的分析及链接最新法律,介绍相关法律知识,让农民群众从一个个鲜活、真实的法律案例中学懂法、会用法。

全书共分为五个部分,第一部分是公司设立、经营纠纷案例,介绍农民开办公司可能遇到的相关法律问题;第二部分是合伙企业、个体工商户设立、经营纠纷案例,针对个体工商户及合伙企业设立及经营会遇到与公司不同的法律问题;第三部分是经商税费纠纷案例,通过对典型案例的分析,介绍农民如何避免经商理财过程中的税费纠纷;第四部分是合同纠纷案例,该部分通过对具有代表性的案例分析,让农民学会如何签订、履行合同;第五部分是防范投资风险案例,目的是教农民学会防范投资风险。

总　序

党的十六大以来,党中央提出了科学发展观、构建社会主义和谐社会两大战略思想,这是指引我们在新世纪新阶段继续推进改革开放、积极推动经济发展和社会全面进步、建设中国特色社会主义现代化事业的总方针。党的十六届五中全会提出了推进社会主义新农村建设的重大历史任务,这是贯彻落实两大战略思想的体现。从国家当前面临的经济社会形势全局看,我国的经济建设,工业化、城市化发展已经取得了举世为之瞩目的巨大成就,相形之下,我国的农业还比较脆弱,农村还比较落后,农民还比较贫苦,所以在"十一五"及今后一个相当长的时期内解决好"三农"问题,仍然是我们工作的重中之重。好在经过多年的努力,我们现在已经创造了解决好"三农"问题的条件。胡锦涛同志指出:现在"总体上已经到了以工促农,以城带乡的发展阶段,我们顺应这个趋势,更加自觉地调整国民收入分配格局,更加积极地支持'三农'发展"。胡锦涛同志的这个判断是完全正确的,提出的方针也是完全正确的。近几年,各级党委和政府以及相关部门执行了这个方针,采取了多项支农、惠农政策,增加了对"三农"的投入,减免了农业税,给粮食直接补贴,大力发展农村的教育、科技、医疗卫生等社会事业,建立农村最低生活保障制度,等等,已经取得了立竿见影的成效。最近三年,是建国以来,农业、农村发展形势最好,农民得到实惠最

多的时期之一。但是,我们也应该看到,我国的农业和农村结构已经进入了要进行战略性调整的重要阶段,面对农村经济社会正在发生的急剧深刻的变化,农业、农村发展面临着种种矛盾和挑战,要解决的问题千头万绪,需要党和政府的各级干部,各行各业的同志们,以及各界人士都来关注"三农"、研究"三农"、支持"三农",为解决好"三农"问题出谋划策、贡献力量,把社会主义新农村建设好,这既是9亿农民的殷切期盼,也是21世纪中国在世界崛起的最重要的基础和力量源泉。

重庆出版社的领导和同志们,正是认识到党中央提出推进社会主义新农村建设战略的重要意义,心系"三农",经过酝酿,决定策划组织出版一套《新时代新农村建设书系》,为推进社会主义新农村建设,为广大农村干部和农民提供丰富的精神粮食和强大的智力支持,我认为这是一件很有意义、很值得支持的好事。

《新时代新农村建设书系》按照中央提出的"生产发展、生活宽裕、乡风文明、村容整洁、管理民主"的建设社会主义新农村目标要求组织编写,内容涵盖农村政治、经济、文化、社会建设与管理和农业科技等方面,分为社会主义新农村建设理论探索、劳动经济技能培训、新型农民科技培训与自学、生态家园建设、乡村文化与娱乐、民主与法制、健康进农家等系列,每个系列由几套小丛书组成,从2007年起陆续出版。它旨在帮助县(市)乡(镇)各级干部更新观念、开拓思路,提高建设社会主义新农村的理论水平和决策能力;帮助广大在乡务农农民和进城务工农民掌握先进适用技术,提高科学文化素质,增强致富能力,增加经济收入,提高生活质量,造就有文化、懂科技、会经营的新型农民,为加快农村全面小康和现代化建设步伐作出应有的贡献。

这套书系有三个主要的特点：一是理论密切联系实际，紧扣新农村建设中的热点和难点研究问题，具有创新性和启发性；二是面向现代农业和国内外大市场，介绍新观念、新知识和新技术，具有先进性、实用性和可操作性；三是门类多样，形式活泼，通俗易懂，图文并茂，具有可读性。我认为从理论与实践的结合上，从读者的阅读需求上做这样的设计安排是比较合乎实际的。

建设社会主义新农村是一项长期而艰巨的任务，前进道路上要解决的问题还很多，因此，加强对社会主义新农村建设的理论研究十分重要。比如现代农业建设、农村体制综合改革、农业土地产权制度改革、农村金融改革、农业科技创新与转化、农民专业合作经济组织建设、贫困山区的脱贫致富、农村生态环境建设、农村民主政治建设等若干重大的理论问题和实践问题都有待进一步深入研究；同时，及时总结新农村建设中的经验教训，积极探寻新农村建设的各种模式，以及弄清城镇化与新农村建设、全球化与新农村建设、工业化与新农村建设等之间的关系，等等，都是很有必要的。

农民是建设新农村的主体。他们对享受丰富多彩的精神文化生活，掌握先进的科学技术，勤劳致富，建设幸福美好的家园有着强烈的渴求。本书系如能为满足农民朋友的这些多种多样的需求奉献涓滴力量，当是编委、作者和出版者都感到欣慰的事。

我殷切地期望本书系的出版将受到从事新农村建设的广大农民朋友和农村基层干部的欢迎，对推进新农村建设的政府部门领导干部、从事"三农"问题研究的学者和一切关心新农村

建设的社会各界人士也有所启发,在推进社会主义新农村建设中发挥积极的作用。希望大家多提宝贵意见,并惠赐佳作。

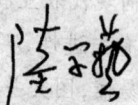

中国社会科学院荣誉学部委员
中国社会学会名誉会长
中国农村社会学研究会会长
2007年清明于北京

前　言

推进社会主义新农村建设，是新形势下全面建设小康社会和构建和谐社会的重大战略部署。加强农村法制建设，促进农业和农村经济的发展，维护农民利益，增进农民福祉，是推进社会主义新农村建设的重要保障。

为了更好地服务"三农"，满足广大农民群众对普及法律知识的渴求，提高农民和农民工的法律素质，帮助其运用法律武器维护自身的合法权益，履行好宪法和法律规定的义务，同时增强农村基层干部的法治理念，提高其依法行政的能力，切实做到依法护农和依法兴农，重庆市司法局和重庆市法学会欣然接受重庆出版社的委托，紧密配合国家"农家书屋"工程的实施，主编了《农民案中学法小丛书》。

为保证书稿的质量，本丛书特约请了工作在一线、实践经验丰富的法官、检察官和律师，以及政法院校的专家撰稿，以讲案例故事这种群众喜闻乐见的形式说法，从法律专业角度进行案例分析、点评，解读审判依据和相关法律知识。本丛书内容涉及新形势下农民朋友最关心的法律问题，共包括6个分册，其书名和作者是：

1. 农民打官司法律案例精讲　夏思扬
2. 农民土地承包法律案例精讲　王煜宇

3. 农民人身赔偿法律案例精讲　王学于　秦　雪
4. 农民经商理财法律案例精讲　杨家学
5. 农村婚姻家庭法律案例精讲　郑德伟
6. 农民工权益保护法律案例精讲　李贤华

本丛书的编写力求贴近农村实际、贴近农村生活、贴近农民群众,具有"新"、"精"、"准"和"通俗"四大特色。通过作者努力,基本上做到了内容实在,案例典型;解读精练,突出法理;评析准确,语言通俗易懂。为保护当事人的隐私权,案例中人名均采用化名。丛书既可供广大农民群众、农村基层干部于案中学法,也可供一切关注"三农"与法治建设的公民阅读使用。

本丛书初稿完成后,法学名家俞荣根教授、西南政法大学王威教授、中共重庆市委党校张正德教授、重庆工商大学宋豫教授提出了宝贵的审稿意见,为进一步提高书稿质量起到了积极作用;原重庆市法学会秘书长王娅女士为本丛书的组织编写也付出了辛勤努力,在此一并表示感谢。

我们衷心期望,通过阅读本丛书,读者既能较好地学习和掌握当前农村常用法律知识,提高法律素质,又懂得如何运用法律来化解矛盾纠纷,解决现实问题。愿这套农村普法实用小丛书得到广大农民朋友的喜爱!

主编者
2009 年 9 月

目 录

一、公司的设立与经营　　　　　　　　　　　　　　　/1
程序内容均违法　股东会决议无效　　　　　　　　　/2
公司登记条件具备　工商局应依法办理　　　　　　　/6
股权转让协议有效　法院判决几经波折　　　　　　　/10
私自转让共同股份　法院判决协议无效　　　　　　　/16
一人公司变形式　工商登记不可缺　　　　　　　　　/22

二、合伙企业、个体工商户的设立与经营　　　　　　　/29
个人合伙无协议　债权债务各分担　　　　　　　　　/30
合伙人未缴纳出资　法院判决除名无效　　　　　　　/34
合伙人要求退伙　未签协议也准许　　　　　　　　　/38
借款还是集资　依据收条确定　　　　　　　　　　　/43
个人独资企业负债务　投资人承担无限责任　　　　　/48

三、经商纳税　　　　　　　　　　　　　　　　　　　/53
税务纠纷遭败诉　只因资格不具备
　　——农民纳税纠纷异议主体资格案例　　　　　　/54

1

"纳税争议"须明白　起诉之前应复议
——农民纳税行政处理纠纷案例　/59
承包工程未纳税　受到处罚理应当
——农民税务行政处罚纠纷案例　/63

四、合同的签订与履行 /71

借款利率"超四倍"　违法所得抵本金　/72
两份合同引发纠纷　后者效力优于前者　/75
买卖无所有权的房屋　违反法律致合同无效　/80
不可抗力致损失　合同各方应自担　/85
子借父名签合同　违法贷款成无效　/92
以他人名义借款　应由使用人归还　/98
欠条未约还款期　时效还看宽展期
——没有还款期限的欠条应该从何时起算诉讼时效 /103
儿子欠债还不起　母亲承诺须担责
——农民借款合同纠纷案例　/108

五、投资与保险 /113

财产保险有争议　法院判决显水平　/114
股票被盗窃　法院催公告　/121
红字委托致亏损　证券公司也有责　/125
农民股票离奇被盗　证券公司难辞其咎　/130
情人被诉盗窃　法院判决无罪　/136
人身保险有约定　赔偿责任不能免　/141

参考文献 /147

一 公司的设立与经营

程序内容均违法　股东会决议无效

【案情回放】

原告王建国原为被告某地产公司职工，双方签订有无固定期限劳动合同。并且原告为该公司原始自然人股东，占股比例0.165%。2006年10月，被告将原告王建国从公司除名。同年10月24日，原告得知被告将于次日召开公司股东大会（该公司章程对通知时间无特别规定），遂委托律师出席大会。律师到达会议后对会议通知程序提出异议，公司未予采纳，律师离开会场。股东会最终以多数表决方式通过了股东会决议，主要内容是：公司股东因调动、离职、退休、除名及去世等原因而离开公司，其所持有的股权，必须转让给公司其他股东，其他股东按出资额由大到小的顺序对该转让的股权实行优先购买，股权转让价格，以上年度末净资产额为基准等内容。事后，被告根据股东会决议开除了王建国股东资格，并自行将退股金划入王建国的银行卡。王建国于同年11月20日向法院起诉。

原告请求法院依法确认：2006年10月25日通过的股东会决议无效；并判令被告恢复原告股东地位并赔礼道歉。

【审理结果】

人民法院通过认真调查审理,依照国家相关法律判决如下:

1. 被告于2006年10月25日通过的股东会决议无效;
2. 恢复原告王建国的股东资格;
3. 原告返还被告退股金。

双方当事人没有提起上诉,该判决已经生效。

【法理评说】

本案实质上属于新公司法第22条规定的新类型案件。按照法律规定,合法的股东会决议应当包括决议程序合法、内容合法。

1. 违反公司法关于股东会决议的效力问题

公司法对股东大会以及董事会的职权以及召集的程序作出了详细的规定,应当包括决议程序合法、内容合法,并且对于超越职权、违背法定程序的法律后果作出明确的规定。

公司未通知股东参加股东大会,侵犯了股东的共益权。股东的共益权不仅表现为公司经营决策之参与,而且表现为对公司经营者之监督与控制。股东首要的共益权在于,通过表决权之行使参与股东会的决策。股东会的决议侵害了股东的最基本的权利,丧失了同类股东享有同等待遇的权利,并使股东失去了行使股东权的机会。并且,根据公司法第22条之规定,股东会或者股东大会、董事会的会议召集程序、表决方式违反法律、行政法规或者公司章程,或者决议内容违反公司章程的,股东可以自决议作出之日起60日

内,请求人民法院撤销。本案中,该公司章程并未对通知时间做特别规定,并且被告仅提前一天通知原告召开公司股东大会,其行为明显违反了公司法第22条之规定,原告可依法向法院申请撤销该股东会决议。但在原告行使该撤销权之前,该股东会决议并不是自始无效,其依然有效。

2. 股东会决议内容侵犯股权的效力认定问题

股东会作为公司的权力机构,对公司的重要事项享有决定权,同时,作为公司的出资者,股东的权利都是法律赋予的,任何人不得侵犯股东的合法权益。那么当股东会决议侵犯了股东的合法权益时,对这种股东会决议效力的认定就成为法律适用的一大难题。

公司法对股东大会的职权与股东的权利作出了详尽的规定,这些规定也是解决股东之间以及公司与股东之间权利冲突的主要依据。若大股东以增进公司利益为名,恶意修改公司章程,操纵股东大会,以达到剥夺或者限制小股东的利益的不当目的,则这种决议超越了公司法对其职权的规定,违背了公司法对于股东合法权益的规定,应当认定为无效。因此,股东大会的职权和决议不得违反法律的强行性规定与公序良俗原则,不得作出违法的决议,而股东权是法律授予的,是股东固有的权益,除经法律程序外,任何人不得以任何方式剥夺股东的合法权益。而本案中,该公司的章程并未规定:当职工劳动关系解除或者终止的,股东应当将所持的股份在职工内部进行转让。因此即使股东会的召开程序是合法的,但股东会也不可以强制回购原告王建国的股份。因为,这次股东会议在内容上代转让方决定股权转让价格,并以职工劳动关系变更等缘由强制转让股份,违反了股东平等原则,所以,该股东会决议无效。

综上,该法院判决不仅合法更为合理,其有效地维护了小股东的利益。

【法律依据】

中华人民共和国公司法(以下简称《公司法》) 本法已由第十届全国人民代表大会常务委员会第十一次会议于2005年10月27日通过,自2006年1月1日起施行。本法所称公司是指依照本法在中国境内设立的有限责任公司和股份有限公司。

《公司法》第22条规定:"公司股东会或者股东大会、董事会的决议内容违反法律、行政法规的无效。

股东会或者股东大会、董事会的会议召集程序、表决方式违反法律、行政法规或者公司章程,或者决议内容违反公司章程的,股东可以自决议作出之日起六十日内,请求人民法院撤销。

股东依照前款规定提起诉讼的,人民法院可以应公司的请求,要求股东提供相应担保。

公司根据股东会或者股东大会、董事会决议已办理变更登记的,人民法院宣告该决议无效或者撤销该决议后,公司应当向公司登记机关申请撤销变更登记。"

《公司法》第42条规定:"召开股东会会议,应当于会议召开十五日前通知全体股东;但是,公司章程另有规定或者全体股东另有约定的除外。"

公司登记条件具备　工商局应依法办理

【案情回放】

2006年5月,健强公司与另外3家公司企业达成协议,决定由该4家企业共同投资在某市成立"力达体育用品有限公司"(以下简称"力达公司")。该4家企业拟定了公司章程,公司的注册资本为400万元,其中健强公司出资150万元,其余投资由另外3家企业分别以货币、机器设备、土地使用权等出资。各方在实际缴付出资并办理了相关法定手续后,取得了相应的验资证明。同年9月,力达公司筹备处向市工商局申请设立登记并向其提交了登记申请书、公司章程、验资证明等文件。市工商局经审查后认为,力达公司的法定资本和生产经营条件等是合格的,但本地已经有6家体育用品公司,市场容量已饱和,再设立一家体育用品公司对本地经济的促进作用不大,因此不予登记。

健强公司等4家企业在接到工商局的不予登记的通知后不服,以市工商局为被告,向法院提出行政诉讼,要求该市工商局对其设立新企业的申请予以登记。

【审理结果】

某法院审理后认为,原告符合公司相关登记条件,而被

告作出了不予登记的行政行为,其违反了公司法相关规定。该法院作出如下判决:

1.被告须在判决生效之日起15日内为原告办理公司登记手续;

2.本案诉讼费由被告承担。

一审宣判决后,双方当事人在法定期限内未提出上诉。

【法理评说】

本案是一起典型的工商局违法行政引起的工商登记纠纷。根据相关法律法规规定,公司的设立只要符合《公司法》规定的条件,以及提交了符合《公司登记管理条例》中规定的文件,工商局就应当予以登记。

《中华人民共和国公司登记管理条例》第4条规定,"工商行政管理机关是公司登记机关"。显然,力达公司的公司登记行为是被告某市工商行政管理局的具体行政行为。原告认为被告作出了不予登记的具体行为侵犯他们的合法权益,从而提起诉讼要求被告对其申请的新企业予以登记,属于人民法院受案范围。

我国任何一部现行的法律法规都未规定工商局可以以市场饱和为由不予登记。这里所谓"市场饱和"属于市场调节的问题,与工商局的登记管理职责无关。该工商局的行为完全不符合市场规律,更是于法无据。

综上所述,法院依法判决被告败诉,要求其限期为原告办理公司登记手续,是正确的。

【法律依据】

《公司法》第19条规定:"设立有限责任公司,应当具备

下列条件：

(一)股东符合法定人数；

(二)股东出资达到法定资本最低限额；

(三)股东共同制定公司章程；

(四)有公司名称，建立符合有限责任公司要求的组织机构；

(五)有固定的生产经营场所和必要的生产经营条件。"

《公司法》第20条规定："有限责任公司由二个以上五十个以下股东共同出资设立。"

《公司法》第23条规定："有限责任公司的注册资本为在公司登记机关登记的全体股东实缴的出资额。

有限责任公司的注册资本不得少于下列最低限额：

(一)以生产经营为主的公司人民币五十万元；

(二)以商品批发为主的公司人民币五十万元；

(三)以商业零售为主的公司人民币三十万元；

(四)科技开发、咨询、服务性公司人民币十万元。

特定行业的有限责任公司注册资本最低限额需高于前款所定限额的，由法律、行政法规另行规定。"

《公司法》第26条规定："股东全部缴纳出资后，必须经法定的验资机构验资并出具证明。"

《公司法》第27条规定："股东的全部出资经法定的验资机构验资后，由全体股东指定的代表或者共同委托的代理人向公司登记机关申请设立登记，提交公司登记申请书、公司章程、验资证明等文件。法律、行政法规规定需要经有关部门审批的，应当在申请设立登记时提交批准文件。

公司登记机关对符合本法规定条件的，予以登记，发给公司营业执照；对不符合本法规定条件的，不予登记。公司营业执照签发日期，为有限责任公司成立日期。"

中华人民共和国公司登记管理条例（以下简称《公司登记管理条例》） 本条例已于1994年6月24日中华人民共和国国务院令第156号发布，现已被《国务院关于修改〈中华人民共和国公司登记管理条例〉的决定》修改，并于2005年12月18日公布，自2006年1月1日实施。有限责任公司和股份有限公司（以下统称公司）设立、变更、终止，应当依照本条例办理公司登记。

《公司登记管理条例》第20条规定："申请设立有限责任公司，应当向公司登记机关提交下列文件：

（一）公司法定代表人签署的设立登记申请书；

（二）全体股东指定代表或者共同委托代理人的证明；

（三）公司章程；

（四）依法设立的验资机构出具的验资证明，法律、行政法规另有规定的除外；

（五）股东首次出资是非货币财产的，应当在公司设立登记时提交已办理其财产权转移手续的证明文件；

（六）股东的主体资格证明或者自然人身份证明；

（七）载明公司董事、监事、经理的姓名、住所的文件以及有关委派、选举或者聘用的证明；

（八）公司法定代表人任职文件和身份证明；

（九）企业名称预先核准通知书；

（十）公司住所证明；

（十一）国家工商行政管理总局规定要求提交的其他文件。"

中华人民共和国行政诉讼法（以下简称《行政诉讼法》）

本法已由中华人民共和国第七届全国人民代表大会第二次会议于1989年4月4日通过,现予公布,自1990年10月1日起施行。公民、法人或者其他组织认为行政机关和行政机关工作人员的具体行政行为侵犯其合法权益,有权依照本法向人民法院提起诉讼。

《行政诉讼法》第11条规定"其他组织对下列具体行政行为不服提起的诉讼:……(四)认为符合法定条件申请行政机关颁发许可证和执照,行政机关拒绝颁发或者不予答复的;……"

股权转让协议有效　法院判决几经波折

【案情回放】

2000年8月,农民王立、陈果、李明分别出资25万元、24.75万元、0.25万元成立了"金飞农用器材销售中心有限责任公司"(以下简称金飞公司)。此后,金飞公司经历了多次股权转让:

1. 2002年3月,陈果将股权转让给杨万(这一转让由股东会决议、公司章程修正案及股权转让协议为证,但股东会决议、公司章程修正案及股权转让协议均未到工商部门备案)。

2. 2002年11月,李明将股权转让给王立(股东会决议上陈果的签名及盖章为王立所签和加盖,公司章程修正案经工商行政管理部门备案)。

3. 2003年10月,王立将股权转让给刘飞(签订了股权转让协议,杨万在协议上签名表示同意)。

4. 2003年11月,杨万将股权转让给王立(签订了股权转让协议)。

5. 2003年12月,陈果将股权转让给王立之妻周丽(股东变更登记手续已办理)。

第三次股权转让发生争议,刘飞将王立与金飞公司告上法庭。刘飞与王立签订的股权转让协议约定,王立将金飞公司的50.5%股权及公司开办的龙城市场所占的资本份额(包括市场登记股份在内)转让给刘飞;刘飞分两期将补偿款10万元交付王立;王立负责办理公司股权转让和变更执照手续;刘飞在接手该公司前,原公司的一切债权、债务均由王立承担,刘飞接手后一切事务自行负责。原告刘飞当天即支付了5万元。事后王立一直没有办理公司变更手续,刘飞主张权利无果,遂诉至法院,要求确认其与王立签订的股权转让协议有效,王立继续履行合同,按约将其股权转让给刘飞,并办理相关的工商变更手续。

【审理结果】

一审法院认为,刘飞与王立签订的股权转让协议从形式到内容均是当事人真实意思的表示,且符合法律规定的股权转让要件,判决协议合法有效,要求王立继续履行与刘飞签订的股权转让协议,并与金飞公司一起于判决生效之日起30日内将工商变更登记手续办理完毕。案件受理费由王立负担。

王立不服一审判决,提起上诉。二审法院认为,虽金飞公司在2002年3月10日对陈果与杨万之间的股权转让事宜已由股东会作出决议并对章程的有关内容作了修改,但双方对该股权转让的内容并未实际履行,不能产生股权转让的法律后果。且股东会作出的决议及对章程的修改也未经工商部门备案,客观上致使拟转让股权的效力被长时间搁置。受让人杨万只有根据与转让人陈果的股权转让合同,接受金飞公司的股权转让,并办理工商过户登记手续之后,才最终取得股权,才能对公司要求行使股东的权利义务,以股东身份对抗其他第三人。因此,王立与刘飞签订股权转让协议时,杨万的股东身份并没有确立,而陈果也未丧失股东资格。因此,二审法院判决王立与刘飞签订的股权转让协议不产生法律效力,应认定为无效。

刘飞不服二审判决并申诉。终审法院通过认真审理,依照法律规定判决撤销二审判决,维持一审判决。

【法理评说】

本案经一审、二审至再审,究其原因就在于司法实践中对股权转让协议的效力认定与变更工商登记手续是何种关系存在不同的认识。公司法调整的对象应侧重于公司的组织关系和内部关系,对公司的经营关系和外部关系则是次要的。因此,法律对于公司的规制应当遵循私法自治的原则,减少强制性干预,增强公司章程的法律效力,赋予公司团体更多的自由。

本案的工商登记系行政管理行为,实质上是在公司外部而产生的一种行政法律关系。陈果与杨万之间的股权转让虽未经登记并不会导致商事行为无效,只是该事项不具有对抗第三人的效力。从股权转让行为的性质来看,股权转让实质上是在公司内部产生的一种民事法律关系,通过转让方与受让方、公司的民事法律行为就可以完成。这是一种私权的转让,双方对转让达成一致,并且已经满足强行法的限定条件,法律无理由对当事人的意思自治再加以限制。因此,工商登记不是对股权转让合同效力进行评价的标准,不是股权转让的生效要件。

合同是当事人之间真实意思的表示,股权转让协议是一种合同,其效力的判断应依据合同效力的自身规则进行判断。根据合同法及相关司法解释的规定,只要在签订股权转让合同时,不存在当事人意思不真实的情形,也不违反法律禁止转让的规定,该合同就具有法律效力,对转让人与受让人具有约束力。

本案中,金飞公司的最初股东有王立、李明、陈果。股权转让协议有5次,存在争议的杨万是否为金飞公司股东涉及的是第一次股权转让是否有效的问题,而这也是认定其他转让协议效力的基础。从陈果与杨万签订的股权转让协议的内容看,为双方的真实意思表示,股权转让不违反国家法律和行政法规的强制性规定,并经过股东会决议和公司章程修正案确认,故该份股权转让协议的效力应予以确认,受法律保护,杨万在当时是金飞公司的实际股东。王立与刘飞签订的股权转让合同,是双方当事人的真实意思表示,虽没有经过股东会议决议,但事后另一股东杨万对此表示同意,因此,该协议有效。

【法律依据】

中华人民共和国民法通则(以下简称《民法通则》) 本

法由第六届全国人民代表大会第四次会议于1986年4月12日通过,自1987年1月1日起施行。中华人民共和国民法调整平等主体的公民之间、法人之间、公民和法人之间的财产关系和人身关系。

《民法通则》第54条规定:"民事法律行为是公民或者法人设立、变更、终止民事权利和民事义务的合法行为。"

《民法通则》第54条规定:"民事法律行为应当具备下列条件:

(一)行为人具有相应的民事行为能力;

(二)意思表示真实;

(三)不违反法律或者社会公共利益。"

《公司法》第72条规定:"有限责任公司的股东之间可以相互转让其全部或者部分股权。股东向股东以外的人转让股权,应当经其他股东过半数同意。股东应就其股权转让事项书面通知其他股东征求同意,其他股东自接到书面通知之日起满三十日未答复的,视为同意转让。其他股东半数以上不同意转让的,不同意的股东应当购买该转让的股权;不购买的,视为同意转让。"

中华人民共和国公司登记管理条例(以下简称《公司登记管理条例》) 本条例已于1994年6月24日中华人民共和国国务院令第156号发布,现已被《国务院关于修改〈中华人民共和国公司登记管理条例〉的决定》修改,并于2005年12月18日公布,自2006年1月1日实施。有限责任公司和股份有限公司(以下统称公司)设立、变更、终止,应当依照本条例办理公司登记。

《公司登记管理条例》第27条规定:"公司申请变更登记,应当向公司登记机关提交下列文件:

（一）公司法定代表人签署的变更登记申请书；

（二）依照《公司法》作出的变更决议或者决定；

（三）国家工商行政管理总局规定要求提交的其他文件。

公司变更登记事项涉及修改公司章程的，应当提交由公司法定代表人签署的修改后的公司章程或者公司章程修正案。

变更登记事项依照法律、行政法规或者国务院决定规定在登记前须经批准的，还应当向公司登记机关提交有关批准文件。"

《公司登记管理条例》第35条规定："有限责任公司股东转让股权的，应当自转让股权之日起30日内申请变更登记，并应当提交新股东的主体资格证明或者自然人身份证明。"

中华人民共和国合同法（以下简称《合同法》） 本法由第九届全国人民代表大会第二次会议于1999年3月15日通过，自1999年10月1日起施行。本法所称合同是平等主体的自然人、法人、其他组织之间设立、变更、终止民事权利义务关系的协议。

《合同法》第44条规定："依法成立的合同，自成立时生效。

法律、行政法规规定应当办理批准、登记等手续生效的，依照其规定。"

《合同法》第60条规定："当事人应当按照约定全面履行自己的义务。

当事人应当遵循诚实信用原则，根据合同的性质、目的和交易习惯履行通知、协助、保密等义务。"

最高人民法院关于适用《中华人民共和国合同法》若干问题的解释(一)(以下简称《法释〔1999〕19号》)

根据《法释〔1999〕19号》第9条规定:"法律、行政法规规定合同应当办理登记手续,但未规定登记后生效的,当事人未办理登记手续不影响合同的效力,合同标的物所有权及其他物权不能转移。"

私自转让共同股份　法院判决协议无效

【案情回放】

某地农民刘珊与王力是一对夫妻,2006年3月16日,在未征得妻子刘珊同意的情况下,王力同其胞妹王凤签订了《股份转让协议》,将登记在王力名下的安俊有限责任公司的出资988万元及其未分配的收益作价170.6万元转让给其胞妹。2006年3月17日,安俊有限责任公司向工商行政管理局办理了相应的变更登记手续。

刘珊获悉后诉至法院称:近年来,夫妻感情破裂,双方一直在为财产分割问题进行协商,但还未通过法定程序解除夫妻关系。王力将其在安俊有限责任公司的出资及其未分配的收益作价170.6万元转让给其胞妹,未经其同意,是侵犯了夫妻对共同财产的平等处理权,属于恶意串通,损害第三人利益的协议,故请求判令:

1.确认2006年3月16日王力同其胞妹王凤签订的《股份转让协议》无效。

2.王凤、安俊有限责任公司承担连带责任。

【审理结果】

江苏省某市中级人民法院审理认为,由于原告刘珊诉请的是确认股份转让协议无效,则审查的重点在于《股份转让协议》的效力。本案中,由于王力并未举出夫妻之间就双方婚姻关系存续期间所得的财产有特别约定的证据,则王力在安俊有限责任公司拥有的股份在转让之前自然属于夫妻共同所有的财产。如果没有特别约定,对共同共有财产的处分须征得全体共同共有人的同意。本案中,王力至今未取得该财产的单独处分权,则其同胞妹王凤签订的《股份转让协议》处于效力待定状态。刘珊追认该协议,则《股份转让协议》生效。然刘珊不仅未追认该协议,反而以诉诸法院,要求法院确认协议无效的方式来保护其作为妻子对夫妻共同财产享有的平等处理权,法院应予以支持。

对于王力的胞妹一直就是安俊有限责任公司的隐名股东,王力转让的股份绝大部分本来就是其胞妹出资的抗辩理由,初审法院认为,虽然我国法律并未禁止股东隐名投资,但显名股东与隐名股东协议的效力仅限于约束签约双方,对外不具有抗辩力。本案中,签订《股份转让协议》在前,王力的胞妹成为安俊有限责任公司98.8%的持股股东的工商变更登记在后,因此,在审查该协议的效力时,对此项抗辩理由,不予采纳。

另外,刘珊要求王凤、安俊有限责任公司承担连带责任的请求无任何法律依据,对刘珊的该项诉请法院不予支持。

法院判决如下:

1.被告王力同被告王凤于2006年3月16日签订的《股份转让协议》无效。

2.驳回原告刘珊其余的诉讼请求。

王力及其胞妹王凤均不服该判决,向上一级高级人民法院提起上诉,请求撤销原判,驳回原告刘珊的全部诉请。

高级人民法院审理认为,原审依据法律判决正确,判决:驳回上诉,维持原判。

【法理评说】

我国婚姻法明确规定,婚姻关系存续期间的生产经营收益,归夫妻共同所有。收益的概念极其广泛,股权乃取得公司分配利润之依据,一经转让,即能实现收益之权能,自然属于生产经营收益的范围。这一点在婚姻法的司法解释里面也已经得到体现。对于以一方名义在有限责任公司的出资额,另一方不是该公司股东的,人民法院可以两种方式析产,一是让本不是公司股东的配偶成为该公司股东,二是将一方名义在有限责任公司的出资额变现后分割。但无论哪种方式,一方名义在有限责任公司的出资额为夫妻共同共有财产乃是两种析产方式的前提。至此,股权如无特别约定乃为夫妻共有已经无可争议。

本案中股东对股权的处分受到了限制,股东无法对股权自由转让。但是,可对股权从不同的角度进行剖析:对公司及社会而言,股东可依公司法及公司章程享有一切权利,包括对股权自由转让的决策权;但相对于配偶而言,由于婚姻法确定了股权的收益为夫妻共有,则该股东在决策时,不仅要合法,也要合理,否则极易影响到夫妻共有财产的增减。如果不将股东对股权的决策权在合理性方面进行相应的限制,就会为夫妻一方隐瞒转移共有财产大开方便之门。

这种合理性限制对公司而言并不造成任何非利益,结合到本案,刘珊与王力虽然尚未进入离婚程序,一旦认定股权转让协议有效,则使得刘珊同王力之间的夫妻共有财产大大减少,但不管该股权转让协议有效或者无效,均不会导致公司的实际财产有丝毫减少。所以本案实际上是一起家庭财产纠纷案件,首先应适用《民法》《婚姻法》等法律,而作为调整商事行为的公司法在本案中的适用处于次要地位。

如果王力能以合理的价格转让其股权,一般情况下刘珊不会不同意,即使刘珊不同意,依善意取得之制度,该股权转让协议依然可认定为有效。但是,王力以不合理的价格转让其股权,则不能适用善意取得制度,刘珊可行使撤销权使转让行为归于无效。可见,对股权的决策权在合理性方面进行相应的限制不仅不会影响到公司的利益、股东的自由,而且,对与股东有人身关系的相关人员亦可一并保护,以实现利益最大化的均衡。该限制既能约束和制裁恶意转让、转移财产、损害他人的行为,又能保护善意相对人的合法权益,十分必要。

【法律依据】

中华人民共和国民法通则(以下简称《民法通则》) 本法由第六届全国人民代表大会第四次会议于1986年4月12日通过,自1987年1月1日起施行。中华人民共和国民法调整平等主体的公民之间、法人之间、公民和法人之间的财产关系和人身关系。

《民法通则》第68条规定："财产可以由两个以上的公民、法人共有。

共有分为按份共有和共同共有。按份共有人按照各自的份额,对共有财产分享权利,分担义务。共同共有人对共有财产享有权利,承担义务。

按份共有财产的每个共有人有权要求将自己的份额分出或者转让。但在出售时,其他共有人在同等条件下,有优先购买的权利。"

关于贯彻执行《中华人民共和国民法通则》若干问题的意见(试行)(以下简称《民通意见》) 本司法解释由最高人民法院审判委员会于1988年1月26日讨论通过)

根据《民通意见》第89条规定:"共同共有人对共有财产享有共同的权利,承担共同的义务。在共同共有关系存续期间,部分共有人擅自处分共有财产的,一般认定无效。但第三人善意、有偿取得该项财产的,应当维护第三人的合法权益;对其他共有人的损失,由擅自处分共有财产的人赔偿。"

中华人民共和国婚姻法(以下简称《婚姻法》) 本法由第五届全国人民代表大会第三次会议于1980年9月10日通过,并根据2001年4月28日第九届全国人民代表大会常务委员会第二十一次会议《关于修改〈中华人民共和国婚姻法〉的决定》修正。

《婚姻法》第17条规定,"夫妻在婚姻关系存续期间所得的下列财产,归夫妻共同所有:

(一)工资、奖金;

(二)生产、经营的收益;

(三)知识产权的收益;

（四）继承或赠与所得的财产,但本法第十八条第三项规定的除外；

（五）其他应当归共同所有的财产。

夫妻对共同所有的财产,有平等的处理权。"

关于适用《中华人民共和国婚姻法》若干问题的解释（二）(以下简称法释〔2003〕19号)

根据法释〔2003〕19号文第16条规定："人民法院审理离婚案件,涉及分割夫妻共同财产中以一方名义在有限责任公司的出资额,另一方不是该公司股东的,按以下情形分别处理：

（一）夫妻双方协商一致将出资额部分或者全部转让给该股东的配偶,过半数股东同意、其他股东明确表示放弃优先购买权的,该股东的配偶可以成为该公司股东；

（二）夫妻双方就出资额转让份额和转让价格等事项协商一致后,过半数股东不同意转让,但愿意以同等价格购买该出资额的,人民法院可以对转让出资所得财产进行分割。过半数股东不同意转让,也不愿意以同等价格购买该出资额的,视为其同意转让,该股东的配偶可以成为该公司股东。

用于证明前款规定的过半数股东同意的证据,可以是股东会决议,也可以是当事人通过其他合法途径取得的股东的书面声明材料。"

中华人民共和国合同法（以下简称《合同法》）本法由第九届全国人民代表大会第二次会议于1999年3月15日通过,自1999年10月1日起施行。本法所称合同是平等主体的自然人、法人、其他组织之间设立、变更、终止民事权利义务关系的协议。

《合同法》第 51 条规定:"无处分权的人处分他人财产,经权利人追认或者无处分权的人订立合同后取得处分权的,该合同有效。"

一人公司变形式　工商登记不可缺

【案情回放】

杨华海系某村农民,长期从事水产品的养殖,由于经营有方,收入颇丰。2007 年杨华海产生了开办水产品养殖公司的想法,于 2007 年 5 月初向某县工商行政管理局递交了相关材料,申请开办双发水产品养殖有限公司(以下称双发公司)。2007 年 5 月 18 日,县工商行政管理局颁发企业法人营业执照,确认,双发有限责任公司成立,公司为一人有限责任公司,主要从事水产品养殖与经营。法定代表人为杨华海,注册资本为 20 万元。本村另外几户养殖户曾世发、张明、刘长民随后找到杨华海要求对双发公司投资,成为股东。杨华海欣然答应。

2007 年 8 月 21 日,杨华海、曾世发与张明、刘长民订立协议书,约定 4 人共同出资设立双发公司,出资额为 100 万元,其中货币出资 80 万元,技术投资相当于 20 万元。其中杨华海出资 50 万元,张明、刘长民二人的出资均为 30 万元,曾世发技术出资 20 万,注册资本将以各股东货币出资额的40%，计40万元申请注册登记。协议书还对公司的经营期限、利润分配、股权转让、股东权利义务以及解散清算等事宜进行了约定。随后，张明、刘长民等二人分别向双发公司缴纳了现金5万元。然而，当初4人之间签订的协议书未向工商部门登记备案，工商部门也没有对该公司的性质与注册资本等事项进行变更登记。

协议签订后，张明、刘长民等二人在未征得其他股东同意的情况下，擅自将公司账户内的19万元资金转出，用于股票投资。杨华海、曾世发得知后认为张明、刘长民擅自挪用公司资金的行为侵犯了他们的权益，于是二人以双发公司的名义向法院起诉，称张明、刘长民二人在未征得其他股东同意的情况下，擅自将公司账户内的19万元资金转出，给公司造成严重的经济损失。双发公司要求确认上述二人为公司的股东，以明确公司的性质及注册资本。

【审理结果】

受理后，法院认为杨华海、曾世发与二被告虽然订立了投资协议，但该协议未得到工商部门的确认，更未进行相应的变更登记，双发公司的性质仍为一人有限责任公司。双发公司要求确认张明、刘长民的股东身份，因该公司性质未发生变化，二被告也未经工商登记为股东，投资协议仅仅是一种合同关系，不直接发生股东身份的实质变化，因此对双发公司的诉讼请求不予支持。同年12月25日，人民法院对此案作出一审判决，驳回原告要求确认张明、刘长民为公司股东的诉讼请求。

判决后，当事人均未提起上诉，本案现已发生法律效力。

【法理评说】

一人公司也叫独资公司、独股公司,系指仅有一个股东持有公司全部出资的有限公司或仅有一个股东持有全部股份的股份有限公司。一人公司有广义和狭义之分,广义的一人公司包括形式意义上的一人公司和实质上的一人公司,实质上的一人公司是指公司在设立时,公司股东人数符合法定最低人数的要求,但出资人或真正拥有股份者只有一人(法人或自然人),而其他股东或出资人都是为了逃避公司法规定而出现的,实质意义上的一人公司仅存在于不允许设立一人公司的国家或地区。形式意义上的一人公司是指股东人数只有一人,全部股份或出资均有其控制的公司,这种形式意义上的一人公司又可分为成立时的一人公司和成立后的一人公司,前者主要存在于允许设立一人公司的国家和地区,指公司在成立时就仅有一名股东;而后者,则是在公司成立时符合法定人数,但由于股份的转让、赠与、继承等等诸多原因,而导致仅有一名股东控制公司的全部出资或股份的情况,这种公司一般仅存在于不允许设立一人公司但允许存续中的公司成为一人公司的情况。一人公司由于其股东只有一名,因此与一般的有限责任公司相比,一人公司不设股东会。根据公司法的规定股东人数较少或者规模较小的有限责任公司,可以设一至二名监事,不设监事会。所以一人公司的监事会是否设立由该公司依其需要而定,法律没有强制要求该公司必须设立监事会。

我国传统的公司立法对设立一人公司持否定态度,但随着社会和经济的发展,一人公司有利于降低经营成本,实现经济效率最大化,有利于高科技、高风险的新兴行业的发展,新修订的《公司法》对于一人公司作出了专门的规定,使得一人公司的合法存在终于有了"名分"。但随着司法实践的发展,与一人公司相关的新问题却逐渐暴露出来,亟须作出回答。本案中法院对一人公司营业形态的转变问题作出了阐释,明确一人公司不能通过增资扩股转化为普通的有限责任公司,投资人即使已经缴纳了出资款也不能成为一人公司的股东。

如果一人公司可以转化为普通有限责任公司的话,对于一人公司存续期间的债务就可能出现有限责任股东和无限责任股东并存的情形。这种双重股东责任并存的公司运行机制在我国现行的《公司法》中是不被认可的。另一方面,一人公司仅有一名股东,与普通有限责任公司相比更容易产生滥用法人人格的道德风险,这也是我国立法长期对一人公司的存在持否定态度的原因。为此《公司法》不但对一人公司的设立作出了规定,还在注册资本的数额、出资方式以及股东在财产混同时的无限责任等诸多方面作出了比普通有限责任公司更为严格的规定。《公司法》就增资扩股流程对普通有限责任公司作出了明确的规定,对一人公司则未作出任何规定。

综上所述,本案件中法院的判决明显是比较符合立法本意,对一人公司就增资扩股流程持比较谨慎的态度,因此驳回了原告的诉讼请求。但法院驳回原告的诉讼请求并不意味着杨华海、曾世发的财产权利就无法得到保障。杨华海、曾世发可以根据2007年8月21日签订的入股协议无效为由,要求法院确认协议无效,返还挪用的19万元,并同时返还各投资人的投资。

【法律依据】

中华人民共和国公司法(以下简称《公司法》) 本法于1993年12月29日第八届全国人民代表大会常务委员会第五次会议通过,根据1999年12月25日第九届全国人民代表大会常务委员会第十三次会议《关于修改〈中华人民共和国公司法〉的决定》第一次修正,根据2004年8月28日第十届全国人民代表大会常务委员会第十一次会议《关于修改〈中华人民共和国公司法〉的决定》第二次修正,2005年10月27日第十届全国人民代表大会常务委员会第十八次会议修订。在中华人民共和国境内设立的有限责任公司和股份有限公司适用本法。

《公司法》第59条规定:"一人有限责任公司的注册资本最低限额为人民币十万元。股东应当一次足额缴纳公司章程规定的出资额。

一个自然人只能投资设立一个一人有限责任公司。该一人有限责任公司不能投资设立新的一人有限责任公司。"

《公司法》第60条规定:"一人有限责任公司应当在公司登记中注明自然人独资或者法人独资,并在公司营业执照中载明。"

《公司法》第61条规定:"一人有限责任公司章程由股东制定。"

《公司法》第62条规定:"一人有限责任公司不设股东会。股东作出本法第三十八条第一款所列决定时,应当采用书面形式,并由股东签字后置备于公司。"

《公司法》第63条规定:"一人有限责任公司应当在每一会计年度终了时编制财务会计报告,并经会计师事务所审计。"

《公司法》第64条规定:"一人有限责任公司的股东不能证明公司财产独立于股东自己财产的,应当对公司债务承担连带责任。"

二 合伙企业、个体工商户的设立与经营

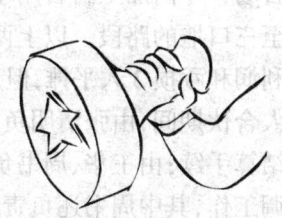

个人合伙无协议　债权债务各分担

【案情回放】

某县村民王华、周书与张清明勤劳肯干,而且又都有一技之长,在当地生活较为富裕。2000年2月,经3人共同协商,决定合伙开办了清水坪料石场,由于经营有方清水坪料石场发展非常快,后3人协商,3人决定再开办了多宝寺料石场,专门加工料石用于县公路段维修王渔油路和高家岭至三口堰的路段。以上两石场成立时3人达成了口头协议利润和亏损3人平摊,但并未签订正式的《合伙协议》。在3人合伙期间,由张清明负责与县公路段联系业务、办理账项结算手续;由王华、周书负责租用场地、组织施工等管理、协调工作,其中周书还负责管理内部账务。此后,因王渔油路维修停止、陆龙公路改建完工,王华、周书与张清明三人于2001年1月16日就合伙经营期间的投入、支出、收入、往来账项等进行了清算,经清算,合伙经营期间共亏损14 800元,三人各承担了4 930元的亏损额。

2001年10月19日,被告张清明在县公路段领取了王渔油路遗留款40 000元,其中缴纳税费2 348元,实际领取的王渔油路遗留款为37 652元。之后,被告张清明认为公路段联系业务是他最先联系上的,石场成立之时也未签订正式的书面协议,而且为了获得、维护这笔业务他也花费了不少,这些钱都是由他个人垫付未进入石场的账户,因此在办理账项结算手续时将领取的王渔油路遗留款私自占为己有,而未分给原告王华、周书。经王华、周书多次找张清明讨要,均未果。王华、周书将张某告上法院,要求法院判决张某支付二人应得的遗留款,并返还所欠设备投入款5 323元。

【审理结果】

人民法院经审理认为,原告王华、周书与被告张清明之间虽然没有签订书面合伙协议,但具备合伙的其他条件,原告提供的大量证据证明了3人合伙经营料石场的事实,且3人在2001年1月16日清算时对经营期间的亏损是平均承担的,因此确认原告王华、周书与被告张清明之间的合伙关系成立。2001年10月19日,被告张清明在湖北省某县公路段实际领取了王渔油路遗留款37 652元,依法应认定为3人合伙经营所得,该笔款项应按照2001年1月16日清算时3人平均承担亏损的比例进行平均分割。原告王华、周书请求分割王渔油路遗留款的理由成立,予以支持。被告张清明辩称其3人之间不是合伙关系、不应给二原告分割遗留款的理由不能成立,不予支持。原告王华、周书请求张清明返还所欠设备投入款5 323元,因未向法院提供证据,法院不予支持。据此,判决如下:

1. 被告张清明从湖北省某县公路段领取的王渔油路遗留款37 652元由原告王华、周书、被告张清明共有,每人各分得12 550.66元。

2. 被告张清明给原告王华、周书各给付现金12 550.66元,限本判决生效后10日内履行。

3.驳回原告王华、周书要求被告张清明返还所欠设备投入款5 323元的诉讼请求。

本案诉讼费2 330元,法院决定由原告王华负担875元,原告周书负担815元,被告张清明负担640元。

一审宣判后,原、被告双方均没有提起上诉,判决发生法律效力。

【法理评说】

合伙协议在社会经济生活中是比较普遍的经营方式,大量的个体私营经营户都是以这种方式筹集资金,集零散资金为整体经营,可以说是个体经济的重要组成部分。有的合伙人之间签有合伙协议,而有的合伙人之间没有签订书面合伙协议。对于没有签订书面合伙协议的合伙人之间发生经济纠纷,就不好调解。

本案的案由定为合伙协议纠纷案,这是最高人民法院关于民事案由的规定种类,它是一个规范化的民事案由。然而,从最高人民法院给合伙协议纠纷的释义来看,合伙协议是指两个或两个以上的公民或法人,以营利为目的的共同投资合伙企业所签订的合同,从这个角度来理解,合伙协议应当是指签订的合同,通常意义上讲,是指书面合同。因此,本案的争议焦点就是没有签订书面合伙协议,能否认定原、被告当事人之间为合伙关系?从本案的审理情况来看,原告王华、周书与被告张清明之间虽然没有签订书面合伙协议,但原告王华、周书提供了大量有力证据证明原、被告3人之间合伙经营料石场的事实,3人共同出资、出力经营,且3人在2001年1月16日对经营期间的亏损是平均承担的,各自承担了4 930元的亏损额。所以,该案据此确认原告王华、周书与被告张清明之间的合伙关系成立,本案的案由定为合伙协议纠纷符合本案事实,能够客观地、全面地反映案件的全部内容。

本案的合伙人之间没有签订书面的合伙协议,那么,应当如何认定本案主体之间是一种合伙关系呢?从本案审理的实际情况来看,原、被告3人之间没有签订书面合伙协议,而原告诉称3人之间是合伙关系,被告则称是从属雇佣关系,如何认定呢?本案的主审法官根据审理所查明的事实,认定原、被告3人之间具备合伙的其他条件,且有3人对经营期间的亏损额平均承担的证据,有投资记录,经营记录,从而推定原、被告3人之间是一种合伙关系,这里就应用了一种逻辑推理,从以上这些事实推定原、被告3人之间合伙关系成立,推定本案适用我国法律有关调整合伙协议纠纷的规定,从而正确地处理了这一起民事纠纷案件。

本案根据双方提供的证据和已经发生的大量事实,确认原告王华、周书与被告张清明合伙开办料石场的合伙关系成立,在此前提条件下,确认法院的判决是符合法律规定的。

【法律依据】

《民法通则》第30条规定:"个人合伙是指两个以上公民按照协议,各自提供资金、实物、技术等,合伙经营、共同劳动。"

《民法通则》第31条规定:"合伙人应当对出资数额、盈余分配、债务承担、入伙、退伙、合伙终止等事项,订立书面协议。"

《民法通则》第32条规定:"合伙人投入的财产,由合伙人统一管理和使用。

合伙经营积累的财产,归合伙人共有。"

《民法通则》第106条规定:"公民、法人违反合同或者不履行其他义务的,应当承担民事责任。

公民、法人由于过错侵害国家的、集体的财产,侵害他人财产、人身的,应当承担民事责任。

没有过错,但法律规定应当承担民事责任的,应当承担民事责任。"

合伙人未缴纳出资　法院判决除名无效

【案情回放】

某村农民陈广河进城务工多年,一直在某制衣厂打工,由于勤奋肯干,很快成为该厂的技术骨干。2007年6月,陈广河回到老家,产生了自己办厂的念头。很快,陈广河找到本村村民杨天合协商共同开办制衣厂。二人很快达成一致,并于同年7月签订共同创办制衣厂的《合伙协议》,约定各投入资金10万元用于租赁厂房和购置机器设备,平均分享经营利润和承担亏损。在合伙企业进行工商登记时,陈广河按约投入了10万元,杨天合由于资金周转困难,只投入了5万元,但杨天合向陈广河出具书面承诺:在3个月内将另外的5万元投资款补足。企业成立后,双方共同参与了制衣厂的管理和生产。承诺到期后,虽经陈广河多次催促,但杨天合仍未补足5万元投资款,双方为此产生矛盾。陈广河便以杨天合违反合伙约定、未履行出资义务为由,作出并向杨天合送达了将其从合伙企业中除名的书面决定。此后,杨天合向人民法院起诉,要求法院确认陈广河作出的除名决定无效。

【审理结果】

法院在受理本案以后对本案的处理认为,应当判决确认陈广河作出的除名决定无效。理由是:在仅有两个合伙人的合伙企业中,当一方被除名时,另一方则构成了单独主体,既不符合《合伙企业法》第49条规定的"经其他合伙人一致同意"的法定前提条件,也使该企业不再具备"有二个以上合伙人"的法律特征,因此,陈广河无权对违约的杨天合作出除名决定,陈广河对杨天合作出除名决定无效。

【法理评说】

《合伙企业法》所规定的"经其他合伙人一致同意"这一作出除名决议的前提条件,从字面含义理解,只能得出"在有三个或三个以上合伙人的合伙企业中才能适用"的结论,否则谈不上"一致同意"。在仅有两个合伙人的合伙企业中,一方对另一方作出除名决定,不符合"经其他合伙人一致同意"的条件。本案中,依文义解释规则和从严适用法律出发,陈广河无权对杨天合作出除名决定。

《合伙企业法》没有规定"在仅有两个合伙人的合伙企业中,一方可对另一方作出除名决定",这不是立法者的疏忽,而是为了维持合伙企业自身法律特征而有意作出的制度安排。《合伙企业法》第14条规定了设立合伙企业应当具备"有二个以上合伙人"的条件,因此,任何合伙企业其合伙人应是两个或两个以上,如只剩下一个投资主体则构不成合伙企业。在有三个或三个以上合伙人的合伙企业中,当其余合伙人一致同意对其中一个合伙人作出除名决定时,假定作出的除名决议符合法律规定,那么在该合伙人被除名后,企业仍将有两个或两个以上的合伙人存在,企业不会丧失"合伙"这一法律特征。如果在仅有两个合伙人的合伙企业中,允许一方对另一方作出除名决定,则只剩下一方投资主体在经营,该企业将丧失"合伙"的法律特征。这正是《合伙企业法》第49条规定作出除名决议的前提是"经其他合伙人一致同意"的目的之所在。正因如此,《合伙企业法》第85条也规定"合伙人已不具备法定人数满三十天"应当解散合伙企业。当合伙企业要解散时,也就意味着要清算、处分合伙财产,行使除名权已没有任何实质意义。

虽然陈广河作出的除名决定无效,但其对杨天合未按期缴纳合伙资金的违约行为仍有法律上的救济途径。杨天合违背诚实信用原则,未足额履行合伙出资义务,对全额投资的陈广河来说,有失公允。陈广河如不想继续与杨天合合伙经营该企业,在无权对杨天合作出除名决定的情况下,有权提出解散合伙企业,由双方对合伙企业的财产、债权和债务等进行清算、分配;对杨天合未按期足额缴纳合伙资金的违约行为,可依合伙协议追究其违约责任,要求其赔偿因此造成的损失。

【法律依据】

《合伙企业法》第14条规定:"设立合伙企业,应当具备下列条件：

（一）有二个以上合伙人。合伙人为自然人的，应当具有完全民事行为能力；

（二）有书面合伙协议；

（三）有合伙人认缴或者实际缴付的出资；

（四）有合伙企业的名称和生产经营场所；

（五）法律、行政法规规定的其他条件。"

《合伙企业法》第15条规定："合伙企业名称中应当标明'普通合伙'字样。"

《合伙企业法》第16条规定："合伙人可以用货币、实物、知识产权、土地使用权或者其他财产权利出资，也可以用劳务出资。

合伙人以实物、知识产权、土地使用权或者其他财产权利出资，需要评估作价的，可以由全体合伙人协商确定，也可以由全体合伙人委托法定评估机构评估。

合伙人以劳务出资的，其评估办法由全体合伙人协商确定，并在合伙协议中载明。"

《合伙企业法》第49条规定："合伙人有下列情形之一的，经其他合伙人一致同意，可以决议将其除名：

（一）未履行出资义务；

（二）因故意或者重大过失给合伙企业造成损失；

（三）执行合伙事务时有不正当行为；

（四）发生合伙协议约定的事由。

对合伙人的除名决议应当书面通知被除名人。被除名人接到除名通知之日，除名生效，被除名人退伙。

被除名人对除名决议有异议的，可以自接到除名通知之日起三十日内，向人民法院起诉。"

《合伙企业法》第85条规定:"合伙企业有下列情形之一的,应当解散:

(一)合伙期限届满,合伙人决定不再经营;

(二)合伙协议约定的解散事由出现;

(三)全体合伙人决定解散;

(四)合伙人已不具备法定人数满三十天;

(五)合伙协议约定的合伙目的已经实现或者无法实现;

(六)依法被吊销营业执照、责令关闭或者被撤销;

(七)法律、行政法规规定的其他原因。"

合伙人要求退伙 未签协议也准许

【案情回放】

1998年5月1日,张利、陈小林、王兵三人与某县张观村经济合作社(以下简称张观村)经协商签订汽车转让协议,约定:张利、陈小林、王兵三人出资共同购买张观村下属葛渠砖厂的斯太尔牌旧货运汽车6辆,价值71万元。2000年3月1日双方在车队投资情况确认书上签字,确认书上载明各方实际购车出资情况是:刘月投资22.8万元,李天明投资8万元,陈小林投资15万元,张利投资13万元,王兵投资13.2万元,五人为购汽车共投资72万元,从事经营挖运土石方及其他运输工作。1999年3月24日,李天明自愿退伙并领走退伙金 15.75 万元。1998 年经刘月联系,为该县公路局挖运土方 3 万方,合计工程款 18 万元,该款该县公路局至今未给付。1998 年 11 月 9 日至 1999 年 11 月 5 日期间,刘月因故被有关部门限制人身自由,此间,张利、王兵、陈小林、李天明未征得刘月同意,擅自退伙并分割合伙财产。张利、王兵、陈小林各分得 2 辆汽车,自 2000 年 1 月 1 日起,三人各自单独经营汽车运输工作。2000 年 3 月,张利委托张国全和张观村干部杨勤,清理核算合伙经营期间的账目,其结果为:1998 年至 1999 年合伙经营期间,实现纯利润 785 977.73 元。另该利润中不含有李天明已取走的退伙款 15.75 万元和刘月联系的为某县公路局挖运土方的债权 18 万元。

刘月针对张利等人的行为,向人民法院提起诉讼称:1998 年初,我与 4 被告口头约定合伙购车经营土石方及其他运输工作,为此我投入资金 22.8 万元,与 4 被告共同购买 6 辆运输车,但合伙期间的盈利我分文未得,合伙经营利润及所购车辆却被 4 被告擅自分割,致使我财产权益遭受侵害,故诉至法院,要求维护合伙人的权益并清算合伙期间的财产。

被告张利、王兵、陈小林辩称:我们与原告刘月之间未签订合伙协议,亦不存在合伙关系,合伙经营土石方运输的是我们 4 被告,原告刘月投入的 22.8 万元是作为李天明的入伙投资,李天明已在 1999 年 3 月 24 日自愿退伙并取走其合伙投资及收益,故不同意原告刘月的诉讼请求。被告李天明辩称:我们 4 被告合伙搞土石方运输与原告刘月间确实不存在合伙关系,我们的合伙资产中虽有刘月投入的 22.8 万元,但这笔款是以我的名义投资的,应属刘月借给我使用,现我已自愿退伙,故应由我归还刘月该笔借款及相应的利息。

【审理结果】

人民法院经审理认为:被告张利、王兵、陈小林、李天明均承认合伙购车的投资中有原告刘月出资,故双方事实上已形成合伙关系,因此被告张利、王兵、陈小林、李天明未征得原告刘月同意,擅自退伙并分割合伙财产的行为,侵犯了作为合伙投资人之一的原告刘月的合法财产权益,现双方缺乏信任,又出现侵犯合伙人财产权益的情况,故已无法再继续合伙经营下去,因此原告刘月起诉要求退伙、分割合伙财产及收益的请求合法,证据充分,本院应予准许。被告张利、王兵、陈小林、李天明否认双方间存在合伙关系,但却未提供相应证据予以证实,故本院不予采信。李天明否认合伙账目清算结果,但又不提供相应证据,故本院亦不予采信。依据《中华人民共和国民法通则》之规定,判决如下:

1. 准许原告刘月退出与被告张利、陈小林、王兵、李天明的合伙经营。

2. 被告张利、陈小林、王兵、李天明共同给付原告刘月合伙投资款及收益共计 671 185.48 元,于本判决生效之日起七日内执行清。

【法理评说】

本案争议的焦点是双方当事人之间的合伙关系是否成立,合伙效力应如何认定。法庭通过审理认为,不能单纯仅以有无合伙协议去考虑该合伙关系的效力。应结合本案实际综合考虑,双方合伙虽未订立书面合伙协议,但根据已查明的事实,张利、王兵、陈小林、李天明均认可合伙购车中有刘月的投资,刘月被限制人身自由期间,李天明与张利、王兵、陈小林所签订的退股协议书及刘月为合伙联系货源等情况,均证实5人之间的合伙关系是成立的,虽然双方之间未订有书面的合伙协议,但实际上已形成了事实上合伙关系,因此原告刘月的诉讼请求应予支持。

根据现行相关法律概念上来看,个人合伙是指两个以上公民按照协议,各自提供资金、实物、技术等合伙经营、共同劳动。因而这里的合伙协议其实质就如同合伙企业中的章程,内容涉及到合伙人的出资,合伙利润的分配、亏损的承担,以及入伙、退伙等情况。基于此,一般情况下对于个人合伙均要求订立书面的合伙协议。但是在实践中由于未订立书面合伙协议而产生合伙纠纷的情况非常普遍,如果单纯就以是否订有书面合伙协议来认定合伙关系是否成立并把它作为标准,则未免显得有些偏颇,不仅不利于保护当事人的合法权益,也不利于客观公正地审理案件。因此应结合案件实际,重事实、靠证据,不拘泥于法律条文的规定,从立法原则出发,注重法律精神和社会实际效果。

联系本案,双方没有订立书面的合伙协议,在有无口头合伙协议上也各执一词,但是有一点可以认定的是双方在最初关于合伙购车经营土石方运输的出资确认书上明确载有5人的出资情况,这其中自然非常明确地载明了原告刘月以本人名义出资22.8万元的事实。这份出资确认书不仅非常清楚地体现出了双方的出资情况,而且实质上也约定了合伙期间利润的分配和亏损的承担。合伙人的出资是合伙组织的物质基础,而出资义务又是合伙人的最重要义务,因此这份出资确认书实质上起到的正是合伙协议的作用。

至于被告所辩称的刘月22.8万元的出资是李天明从刘月处所借以李天明的名义出资的情况，一方面刘月对此予以否认，被告等人又拿不出有力证据加以证实，另一方面假如真如被告所称李天明的出资为其本人的8万元及刘月的22.8万元，为何在李天明退伙时拿走的退伙款仅为15.7万元，对此他也未提出任何异议，显然被告的说法是站不住脚而且也违背客观常理。另外，还有一点不可忽视的是刘月经手联系的为某县公路局挖土方的工程，并由此为合伙财产增加18万工程款债权，这也从另一个侧面表明刘月不仅实际出资而且还实际经营并发挥着合伙人的积极作用。故从事实及相关证据来看，刘月实际合伙人的身份是可以确认的，其作为合伙人的正当合法权益理应受到法律保护，基于双方合伙关系难以继续，因此准予刘月退伙并判令被告给付刘月合伙投资款及收益也就顺理成章地符合法律的有关规定。

综上，刘月与被告间已形成事实上的合伙关系，该合伙关系理应受到法律保护，刘月要求退伙并分割合伙财产及收益的请求合理合法。因此人民法院的判决是正确的。

【法律依据】

《民法通则》第30条规定："个人合伙是指两个以上公民按照协议，各自提供资金、实物、技术等，合伙经营、共同劳动。"

《民法通则》第31条规定："合伙人应当对出资数额、盈余分配、债务承担、入伙、退伙、合伙终止等事项，订立书面协议。"

《民法通则》第32条规定："合伙人投入的财产，由合伙人统一管理和使用。

合伙经营积累的财产,归合伙人共有。"

《民法通则》第78条规定:"财产可以由两个以上的公民、法人共有。

共有分为按份共有和共同共有。按份共有人按照各自的份额,对共有财产分享权利,分担义务。共同共有人对共有财产享有权利,承担义务。

按份共有财产的每个共有人有权要求将自己的份额分出或者转让。但在出售时,其他共有人在同等条件下,有优先购买的权利。"

借款还是集资 依据收条确定

【案情回放】

2000年春,某村办企业实行内部抽本租赁承包,根据企业的清产核资情况确定出各单位的承包标的及应上岗职工人数,然后选定承包人,再由承包人根据所核定员数在企业全部员工中组合职工,实行双向选择。承担抽本金的方式有两种:一种是承包人个人承担,另一种是承包人与被组合人员共同承担。

职工卢真通过竞标承包了商场副食部后,又将其中的烟酒部转包给来华,两人分别作为副食部和烟酒部代表签订了承包合同,约定烟酒部定员4人,抽本金一次付清,承包期限为两年。

2000年4月3日,来华交给卢真一次性抽本金14 485.18元,卢真将上述抽本金交给企业。来华按照企业要求,组合了李大利等三人为营业员,为解决资金周转困难,向李大利等三人每人集资4 000元。2000年4月30日,来华收到李大利的钱后,给李大利出具了收据一份,内容如下:"收到李大利集资4 000元整。"在经营烟酒部期间,来华与李大利等四人的工资均是按照企业的档案工资标准,由烟酒部自行发放,交纳了养老金、住房公积金、失业保险金等费用后,四人的工资均在210~250元/月左右,除工资外无其他利润分红。2002年3月26日,烟酒部停止经营,但未对经营期间的盈亏进行清算。后双方因集资款的返还问题发生争议,李大利诉至一审法院,要求来华付还借款4 000元。

【审理结果】

一审法院认为:来华承包某村办企业烟酒部,有其与卢真签订的承包租赁合同及交纳的抽本金为据,在经营期间,以集资方式向李大利借款4 000元作为周转金使用,并约定了使用期限,双方应按约履行。李大利请求来华返还借款,事实清楚,证据充分,有理有据,应予支持;判令来华于判决生效后十日内付还李大利借款4 000元,诉讼费用由来华负担。

一审宣判后,来华不服判决,向二审法院提起上诉。

二审法院审理后认为:来华收到李大利的4 000元钱,给李大利出具的是集资款收据,而不是借款收据。在来华与卢真签订的承包合同中,来华是作为烟酒部代表的身份签订的合同,而不是以其个人身份签订。另根据来华与李大利等 4 人的工资发放情况可看出,4 人均按统一标准发放工资,来华并无额外收入。而某村办企业出具的证明中亦证实商场各部门均采取集体抽本共同经营方式,上述证据能够相互认证,证实来华与李大利之间是合伙关系,在共同筹集资金将烟酒部的货物价款向企业交齐后,共同经营,共享利润,共担风险。双方当事人之间不存在借款关系,李大利的诉讼请求不能成立,不予支持。判决撤销一审判决,驳回李大利的诉讼请求。

二审判决生效后,李大利不服,申请检察机关抗诉。检察机关认为二审法院认定李大利与来华之间系合伙关系并据此判决驳回李大利的诉讼请求的主要证据不足,请求再审。

本案在再审过程中,合议庭均认为认定来华与李大利等三人合伙经营的证据不足,李大利与来华之间并不存在借款关系,其要求来华返还借款的诉讼请求不能成立,应维持二审判决。最后,经合议庭讨论维持了二审判决。

【法理评说】

该案处理的关键是对来华给李大利出具的集资收条的性质如何认定。来华以烟酒部负责人的身份签订了承包合同后,向职工李大利收取 4 000 元集资款,并给李大利出具了收据属实,其主张与李大利等三人系合伙关系,但双方既没有书面合伙协议,又没有两个以上无利害关系人证明存在口头合伙协议。二审认定来华与李大利等三人集体抽本合伙经营的证据不够确凿充分,检察机关关于"二审认定来华与李大利合伙关系证据不足"的理由成立,应予采纳;本案中李大利提供的最直接、最主要的书面证据是来华给其出具的集资收条,该收条上载明所交款的性质为"集资"而非"借款"。李大利接收该收条,表明其对收条内容的认可,其未能提供证据证明该收条是来华以欺诈、胁迫或者乘人之危的手段实施的民事行为,也未能提供证据证明存在重大误解或者显失公平的情形,对该集资收条,应予确认;李大利在一审中处于原告地位,在再审中处于申请抗诉人地位,根据"谁主张,谁举证"的证据规则,应当对自己主张的双方存在借贷关系的事实承担举证责任,但其没有提供确凿充分的证据证明自己的主张,应当承担举证不能的法律后果;双方当事人之间的争议,实系因返还集资款而非返还借款引起的,李大利要求来华返还借款的诉讼请求不能成立,不予支持,其应当依据来华收取集资的事实另行主张权利。虽然本案中的集资方式违反了《中国人民银行关于加强企业内部集资管理的通知》等有关规定,但根据《合同法》第52条第5项的规定只有合同在违反国家法律、行政法规的强制性规定的时候才导致无效,《中国人民银行关于加强企业内部集资管理的通知》属于部门规章,不属于国家的法律和法规,因此,不能认定集资协议无效。对违反《中国人民银行关于加强企业内部集资管理的通知》的集资行为可以通过行政处罚的方式予以解决。

需要说明的是,该案是再审案件,应当根据当事人的原诉讼请求进行审理。如该案是在一审诉讼过程中,当事人主张的法律关系的性质或者民事行为的效力与人民法院根据案件事实作出的认定是不一致的,人民法院应当告知当事人可以变更诉讼请求,并根据变更后的请求依法裁判。

【法律依据】

《合同法》第52条规定:"有下列情形之一的,合同无效:

(一)一方以欺诈、胁迫的手段订立合同,损害国家利益;

(二)恶意串通,损害国家、集体或者第三人利益;

(三)以合法形式掩盖非法目的;

(四)损害社会公共利益;

(五)违反法律、行政法规的强制性规定。"

《合同法》第58条规定:"合同无效或者被撤销后,因该合同取得的财产,应当予以返还;不能返还或者没有必要返还的,应当折价补偿。有过错的一方应当赔偿对方因此所受到的损失,双方都有过错的,应当各自承担相应的责任。"

《中国人民银行关于加强企业内部集资管理的通知》

本通知第1条规定:"企业内部集资系指企业向内部职工筹集资金的行为。企业内部集资一般应采取发行企业内部债券的方式。"

本通知第3条规定:"企业进行内部集资,必须制订集资章程或办法,经企业的开户金融机构审查同意后,报人民银行审批。"

本通知第4条规定:"企业内部集资金额最高不得超过企业正常生产所需流动资金总额。"

本通知第5条规定:"企业内部集资所筹资金,必须严格按照《现金管理暂行条例》的规定,及时交存开户的金融机构,不得坐支。"

本通知第6条规定:"企业承包风险抵押金集资只能在

实行承包制的企业内进行，其额度应纳入企业内部集资规模内，期限可与承包期一致。

承包风险抵押金集资应采取发行抵押金券的方式，所筹资金应专户存储，一般不得挪用。如确属需要，只能用于企业流动资金的临时周转。"

本通知第7条规定："企业内部债券可以在企业内部转让，但不得公开上市转让。企业应在内部指定专门机构，办理内部转让事宜。"

个人独资企业负债务　投资人承担无限责任

【案情回放】

农民郭极于2002年2月向县工商行政管理部门申请开办企业名称为花都水泥厂的个人独资企业，由郭极任厂长。县工商行政管理部门于同年3月批准了郭极的申请。之后该厂一直进行正常的生产。2003年4月花都水泥厂与本村农民王大伦签订《运输合同》约定：2003年5月至6月期间由王大伦雇请驾驶员给原花都水泥厂运矿石。《合同》签订后王大伦按照合同约定履行了义务，后经双方结算，由花都水泥厂出纳刘乐给原告王大伦出具欠条，欠条载明花都水泥厂欠王大伦运费9 492元。后由于郭极经营不善,欠下罗华原债务450余万元,罗华原于2003年7月将该企业告到市中级人民法院,要求归还欠款和利息。法院于2004年1月10日判决被告败诉,之后原被告均未提出上诉。同年2月20日罗华原申请法院强制执行,市中级人民法院以裁定将郭极的花都水泥厂财产全部作价410万元卖给罗华原。罗华原买得企业后,到工商行政管理部门对企业负责人和投资人作了变更登记,但对企业名称未作变更。同年7月,王大伦向县法院起诉要求罗华原所拥有的花都水泥厂支付拖欠运费及利息。该案起诉到法院以后法院对本案形成了两种不同的意见:

第一种意见认为花都水泥厂是个人独资企业,根据《个人独资企业法》第28条的规定应由企业投资人郭极对企业所欠债务承担无限责任。

第二种意见认为根据《个人独资企业法》第27条的规定,花都水泥厂应当进行清算而未清算,原企业的债务不能和原企业脱钩,应由原投资人郭极及变更后的现花都水泥厂共同偿付。

【审理结果】

法院经审理认为:首先,本案的花都水泥厂已经发生了转让,受让后在工商行政管理部门变更了企业投资人和企业负责人,没有变更企业名称。但是,现在罗华原的花都水泥厂和郭极的花都水泥厂在实体法上已经不是相同的民事主体,况且罗华原并没有和郭极恶意串通逃避债务,所以,让现在罗华原的花都水泥厂为郭极承担债务是不恰当的。其次,郭极是原花都水泥厂的投资人,根据《个人独资企法》第 2 条的规定,原企业投资人应该对原花都水泥厂的债务承担无限责任。据此,法院认为被告主体不适格,裁定驳回了原告的诉讼请求。

【法理评说】

个人独资企业是由一个自然人投资,企业财产归投资人个人所有,投资人以其个人财产对企业债务承担无限责任的经营实体。个人独资企业有别于《公司法》规定的有限责任公司和股份有限公司,不具有绝对独立的企业财产,不具有独立的实体法律人格,不能对外独立的承担民事责任,不是完整法律意义之企业,其性质与《民法通则》第二十六条规定的个体工商户并无本质的区别。

为了防止在商事活动中企业之间自由贸易时,由于企业道德信用危机带来的风险,法律不可能设置由无绝对独立财产担保的个人独资企业来独立承担民事责任。因此,《个人独资企业法》第 2 条规定"投资人以其个人财产对企业债务承担无限责任",也就是说个人独资企业的商业信用不是企业信用,而是投资人的个人信用。企业投资人对企业债务是承担补充责任,即是先由个人独资企业用企业资产承担责任,不足再由企业投资人承担第二顺序的责任。

在司法实践中关于涉及个人独资企业为被告的案件,在诉讼主体的确定上可谓五花八门:有的案件原告起诉了企业,法院主动追加投资人为被告;有的案件原告起诉了投资人,法院又主动追加企业为被告;有的案件原告既起诉了企业,又起诉了投资人,法院却以企业有独立法律人格,判定原告对投资人的起诉不正确。以上问题的出现说明对待这类案件的理解还不够一致。

《个人独资企业法》第17条规定企业投资人对个人独资企业的财产享有所有权,可以依法转让或继承,但是《个人独资企业法》第26条、第27条规定的法定清算和自愿清算情形不包括企业被转让和被继承,即是说企业被转让或被继承后是不需要进行清算的。那么被转让或被继承后企业债务如何承担?按照法人企业承担债务的基本原理,企业债务是跟随企业财产的,企业财产不灭失,企业法律人格不消亡,企业始终要为企业债务承担责任。企业发生转让时,原企业产生的债务直接由原企业投资人承担责任;现企业产生的债务由现企业和现企业的投资人承担责任。

【法律依据】

中华人民共和国个人独资企业法(以下简称《个人独资企业法》) 本法由中华人民共和国第九届全国人民代表大会常务委员会第十一次会议于1999年8月30日通过,自2000年1月1日起施行。在中华人民共和国境内设立,由一个自然人投资,财产为投资人个人所有,投资人以其个人财产对企业债务承担无限责任的经营实体适用本法。

《个人独资企业法》第2条规定:"本法所称个人独资企业,是指依照本法在中国境内设立,由一个自然人投资,财产为投资人个人所有,投资人以其个人财产对企业债务承担无限责任的经营实体。"

《个人独资企业法》第17条规定:"个人独资企业投资人对本企业的财产依法享有所有权,其有关权利可以依法进行转让或继承。"

《个人独资企业法》第18条规定:"个人独资企业投资人在申请企业设立登记时明确以其家庭共有财产作为个人

出资的,应当依法以家庭共有财产对企业债务承担无限责任。"

《个人独资企业法》第28条规定:"个人独资企业解散后,原投资人对个人独资企业存续期间的债务仍应承担偿还责任,但债权人在五年内未向债务人提出偿债请求的,该责任消灭。"

《个人独资企业法》第31条规定:"个人独资企业财产不足以清偿债务的,投资人应当以其个人的其他财产予以清偿。"

《最高人民法院关于适用〈中华人民共和国民事诉讼法〉若干问题的意见》

本意见第40条规定:"民事诉讼法第四十九条规定的其他组织是指合法成立、有一定的组织机构和财产,但又不具备法人资格的组织,包括:……依法登记领取营业执照的私营独资企业、合伙组织;……"

三

经商纳税

税务纠纷遭败诉　只因资格不具备
——农民纳税纠纷异议主体资格案例

【案情回放】

蒋平系某村农民,在城里一家饮食服务有限公司(以下称饮食服务公司)打工。2001年11月19日,饮食服务公司所在的县地税局下达了处理决定书,要求该饮食服务有限公司补交2001年1月至7月期间的营业税及滞纳金。蒋平以该处理决定书影响了其2000年度的年薪劳动报酬,多次向县地税局反映,终无结果。于是,蒋平于2003年6月26日向县地税局提出申请,要求县地税局提供蒋平在2000年1月至7月任职期间补税及滞纳金的计税依据、证据和政策依据。县地税局收到蒋平的申请后,以其2001年11月19日下达的处理决定书的被处理人是纳税人饮食服务公司,而不是蒋平,根据有关法律、法规的规定,蒋平不具有要求县地税局提供其任职期间补税及滞纳金的计税依据、证据和政策依据的主体资格为由,于2003年7月27日向蒋平出具书面答复,不予提供。蒋平立即以该地方税务局行政不作为为由向法院起诉。

【审理结果】

一审法院以蒋平向县地税局书面申请与蒋平起诉的时间未超过60日,且蒋平不是县地税局作出的处理决定书的纳税人,也不是扣缴义务人或纳税担保人为由,裁定驳回了蒋平的起诉。

蒋平不服一审裁定,提起上诉,认为地税局违反了《中华人民共和国行政复议法》第23条第二款的规定,未履行法定义务,是违法的不作为,本案应当适用《行政复议法》,一审法院适用法律错误。

二审法院认为,蒋平起诉时地税局的法定履行期限尚未届满,蒋平的起诉明显不符合法律规定,法院不应受理。另外,地税局税务处理决定的处理对象是纳税人饮食服务公司,蒋平作为自然人不能成为该税务处理决定的异议主体,也无权要求被上诉人地税局提供作出该处理决定的证据、依据等,因此,蒋平不具备起诉本案的原告诉讼主体资格。二审法院裁定驳回上诉,维持原裁定。

【法理评说】

依据法院的审理情况,蒋平于2003年6月26日向县地税局提出了要求地税局提供其在2001年1月至7月任职期间补税及滞纳金的计税依据、证据和政策依据的申请,按照《最高人民法院关于执行〈中华人民共和国行政诉讼法〉若干问题的解释》第39条第一款之规定,县地税局在收到申请后60日内不作答复的,蒋平方可对县地税局的不作为行为提起行政诉讼。但蒋平向县地税局书面申请与蒋平起诉的时间未超过60日,况且县地税局已于2003年7月

27日对蒋平的申请作出了书面答复,故本案蒋平起诉县地税局不作为不具备法定要件,蒋平的起诉明显不符合法律规定,法院不应受理。另外,地税局作出的处理决定的处理对象是纳税人饮食服务公司,按照《中华人民共和国税收征收管理法》第88条和《中华人民共和国税收征收管理法实施细则》第100条之规定,蒋平作为自然人不能成为该税务处理决定的异议主体,也无权要求被上诉人地税局提供作出该处理决定的证据、依据等,因此,蒋平不具备起诉本案的诉讼主体资格,法院对其起诉,应予驳回。对蒋平起诉的实体问题,本案不再审查。蒋平不是该地税局作出的处理决定书的纳税人,也不是扣缴义务人或纳税担保人,因此蒋平无权要求县地税局提供其任职期间补税及滞纳金的计税依据、证据和政策依据,在本案中无蒋平诉讼主体资格。故一审法院裁定驳回了蒋平的起诉是正确的。

另外,被上诉人地税局作出的处理决定的处理对象是纳税人饮食服务公司,按照《中华人民共和国税收征收管理法》第88条和《中华人民共和国税收征收管理法实施细则》第100条之规定,蒋平作为自然人不能成为该税务处理决定的异议主体,也无权要求被上诉人地税局提供作出该处理决定的证据、依据等,因此,蒋平不具备起诉本案的蒋平诉讼主体资格。法院对其起诉,应予驳回。对蒋平起诉的实体问题,法院可以不再审查。

综上所述,一审法院的审判程序合法,认定的事实清楚、证据充分、适用法律正确,裁定驳回蒋平的起诉正确。蒋平的上诉理由不能成立,二审驳回上诉,维持原裁定也是正确的。

【法律依据】

中华人民共和国税收征收管理法（以下简称《税收征收管理法》） 本法由中华人民共和国第九届全国人民代表大会常务委员会第二十一次会议于2001年4月28日修订通过，自2001年5月1日起施行。凡依法由税务机关征收的各种税收的征收管理，均适用本法。

《税收征收管理法》第88条规定："税人、扣缴义务人、纳税担保人同税务机关在纳税上发生争议时，必须先依照税务机关的纳税决定缴纳或者解缴税款及滞纳金或者提供相应的担保，然后可以依法申请行政复议；对行政复议决定不服的，可以依法向人民法院起诉。当事人对税务机关的处罚决定、强制执行措施或者税收保全措施不服的，可以依法申请行政复议，也可以依法向人民法院起诉。当事人对税务机关的处罚决定逾期不申请行政复议也不向人民法院起诉，又不履行的，作出处罚决定的税务机关可以采取本法第四十条规定的强制执行措施，或者申请人民法院强制执行。"

中华人民共和国税收征收管理法实施细则（以下简称《税收征收管理法实施细则》） 本法由中华人民共和国国务院令第362号公布，自2002年10月15日起施行。凡依法由税务机关征收的各种税收的征收管理，均适用税征管法及本细则；税收征管法及本细则没有规定的，依照其他有关税收法律、行政法规的规定执行。

《税收征收管理法实施细则》第100条规定："税收征管法第八十八条规定的纳税争议，是指纳税人、扣缴义务人、纳税担保人对税务机关确定纳税主体、征税对象、征税范围、减税、免税及退税、适用税率、计税依据、纳税环节、纳税期限、纳税地点以及税款征收方式等具体行政行为有异议而发生的争议。"

中华人民共和国行政复议法（以下简称《行政复议法》） 本法由中华人民共和国第九届全国人民代表大会常务委员会第九次会议于1999年4月29日通过,自1999年10月1日起施行。公民、法人或者其他组织认为具体行政行为侵犯其合法权益,向行政机关提出行政复议申请,行政机关受理行政复议申请、作出行政复议决定,适用本法。

《行政复议法》第23条规定："行政复议机关负责法制工作的机构应当自行政复议申请受理之日起七日内,将行政复议申请书副本或者行政复议申请笔录复印件发送被申请人。被申请人应当自收到申请书副本或者申请笔录复印件之日起十日内,提出书面答复,并提交当初作出具体行政行为的证据、依据和其他有关材料。"

最高人民法院《关于执行〈中华人民共和国行政诉讼法〉若干问题的解释》（以下简称《法释〔2000〕8号》）

《法释〔2000〕8号》第39条规定："公民、法人或者其他组织申请行政机关履行法定职责,行政机关在接到申请之日起60日内不履行的,公民、法人或者其他组织向人民法院提起诉讼,人民法院应当依法受理。法律、法规、规章和其他规范性文件对行政机关履行职责的期限另有规定的,从其规定。"

中华人民共和国行政诉讼法（以下简称《行政诉讼法》） 本法由中华人民共和国第七届全国人民代表大会常务委员会第二次会议于1989年4月4日通过,自1990年10月1日起施行。公民、法人或者其他组织认为行政机关和行政机关工作人员的具体行政行为侵犯其合法权益,有权依照本法向人民法院提起诉讼。

《行政诉讼法》第61条规定:"人民法院审理上诉案件,按照下列情形,分别处理:(一)原判决认定事实清楚,适用法律、法规正确的,判决驳回上诉,维持原判;(二)原判决认定事实清楚,但是适用法律、法规错误的,依法改判;(三)原判决认定事实不清,证据不足,或者由于违反法定程序可能影响案件正确判决的,裁定撤销原判,发回原审人民法院重审,也可以查清事实后改判。当事人对重审案件的判决、裁定,可以上诉。"

"纳税争议"须明白 起诉之前应复议
——农民纳税行政处理纠纷案例

【案情回放】

2004年4月26日某地税局作出某地税发〔2004〕84号《关于杨凯不履行纳税义务的处理决定》(以下简称84号决定),认定杨凯在以某县建总某工程处名义承建某县公寓A、B楼工程中,未缴营业税、教育附加费、个人所得税、印花税、滞纳金,总计724 801.62元,限杨凯自收到该处理决定之日起10日内到某地税局缴纳入库。杨凯认为,某县公寓工程税款已经委托某县公司代扣代缴,杨凯不是该工程的纳税义务人,且超过追征期限,因此不服"84号决定"直接向某县人民法院提起诉讼,请求撤销"84号决定"。

【审理结果】

某县人民法院以杨凯违反《中华人民共和国税收征收管理法》第88条第一款之规定为由,依照最高人民法院《关于执行〈中华人民共和国行政诉讼法〉若干问题的解释》第四十四条第一款第(七)项之规定,裁定驳回杨凯的起诉。

杨凯不服,提起上诉。二审法院认为,一审裁定驳回杨凯的起诉,符合法律规定,应当予以维持。依照《中华人民共和国行政诉讼法》第61条第(一)项之规定,裁定驳回上诉,维持原裁定。

【法理评说】

根据人民法院的审理,依据《中华人民共和国税收征收管理法》第88条的规定,纳税人、扣缴义务人、纳税担保人同税务机关在纳税上发生争议时,必须先依照税务机关的纳税决定缴纳或者解缴税款及滞纳金或者提供相应的担保,然后可以依法申请行政复议;对行政复议决定不服的,可以依法向人民法院起诉。杨凯和某地税局因"84号决定"责令杨凯交纳应缴税款及滞纳金的行政争议,属于《中华人民共和国税收征收管理法》第88条规定的需先向上一级税务机关申请复议,对复议决定不服才向人民法院起诉的纳税争议案件。杨凯未经行政复议前置程序,直接向人民法院起诉,不符合人民法院受理案件的条件,一审裁定驳回杨凯的起诉,符合法律规定,应当予以维持。

根据《中华人民共和国税收征收管理法实施细则》第

100条规定,纳税人对税务机关确定纳税主体、征税对象、征税范围、纳税期限等具体行政行为有异议而发生的争议均属于纳税争议。杨凯认为自己不是纳税义务人,超过追征期限,据此否定本案属纳税争议性质的理由不能成立。因此二审法院驳回杨凯的上诉,维持原裁定的裁定是正确的。

【法律依据】

《税收征收管理法》第88条规定:"纳税人、扣缴义务人、纳税担保人同税务机关在纳税上发生争议时,必须先依照税务机关的纳税决定缴纳或者解缴税款及滞纳金或者提供相应的担保,然后可以依法申请行政复议;对行政复议决定不服的,可以依法向人民法院起诉。当事人对税务机关的处罚决定、强制执行措施或者税收保全措施不服的,可以依法申请行政复议,也可以依法向人民法院起诉。当事人对税务机关的处罚决定逾期不申请行政复议也不向人民法院起诉,又不履行的,作出处罚决定的税务机关可以采取本法第四十条规定的强制执行措施,或者申请人民法院强制执行。"

《税收征收管理法实施细则》第100条规定:"税收征管法第八十八条规定的纳税争议,是指纳税人、扣缴义务人、纳税担保人对税务机关确定纳税主体、征税对象、征税范围、减税、免税及退税、适用税率、计税依据、纳税环节、纳税期限、纳税地点以及税款征收方式等具体行政行为有异议而发生的争议。"

《行政诉讼法》第61条规定:"人民法院审理上诉案件,按照下列情形,分别处理:(一)原判决认定事实清楚,适用法律、法规正确的,判决驳回上诉,维持原判;(二)原判决认定事实清楚,但是适用法律、法规错误的,依法改判;(三)原判决认定事实不清,证据不足,或者由于违反法定程序可能影响案件正确判决的,裁定撤销原判,发回原审人民法院重审,也可以查清事实后改判。当事人对重审案件的判决、裁定,可以上诉。"

《法释[2000]8号》第44条规定:"有下列情形之一的,应当裁定不予受理;已经受理的,裁定驳回起诉:(一)请求事项不属于行政审判权限范围的;(二)起诉人无原告诉讼主体资格的;(三)起诉人错列被告且拒绝变更的;(四)法律规定必须由法定或者指定代理人、代表人为诉讼行为,未由法定或者指定代理人、代表人为诉讼行为的;(五)由诉讼代理人代为起诉,其代理不符合法定要求的;(六)起诉超过法定期限且无正当理由的;(七)法律、法规规定行政复议为提起诉讼必经程序而未申请复议的;(八)起诉人重复起诉的;(九)已撤回起诉,无正当理由再行起诉的;(十)诉讼标的为生效判决的效力所羁束的;(十一)起诉不具备其他法定要件的。前款所列情形可以补正或者更正的,人民法院应当指定期间责令补正或者更正;在指定期间已经补正或者更正的,应当依法受理。"

承包工程未纳税　受到处罚理应当
——农民税务行政处罚纠纷案例

【案情回放】

2002年4月,张强与某水泥有限公司(以下简称水泥公司)签订矿山削顶工程承包协议书,承包了矿山削顶剥离工程。承包方式为包工、包料、包运输,工程税费、管理费由张强自行承担。工程完工后,张强于2003年1月与水泥公司进行工程决算,总价款为1 698 649.60元。施工中,水泥公司已为张强垫付火工材料款及电费合计231 547.97元。2003年2月,张强向水泥公司出具由廖双福为其开具的建筑安装统一发票两份,发票金额分别为733 551.00元、733 550.63元,合计1 467 101.63元,结算了工程款。但没有依法办理纳税申报。

2003年3月,廖双福等涉嫌开具假发票案案发,公安局暂扣押了张强的人民币10万元。经某市地方税务局鉴定,张强出具的由廖双福为其开具的建筑安装统一发票系假发票。某市地方税务局稽查局对张强非法使用假发票行为立案检查。后稽查局向张强发出税务稽查通知书、税务稽查告知书,对张强2002年1月1日至2003年3月31日期间执行税法的情况进行检查,并告知相关权利、义务。经调查,稽查局向张强发出税务处理(处罚)事项告知书,将检查中发

63

现的问题和将作出的处理(处罚)告知张强,并告知当事人权益。2003年9月24日,稽查局对张强的税务违法行为作出税务行政处罚决定书,认定张强2002年4月至2003年3月承包该水泥公司的矿山削顶工程,取得结算收入1 698 649.60元。2003年2月18日,从廖双福(另案处理)处开具某省建筑安装统一发票两份(经鉴定为假发票),金额分别为733 551.00元、733 550.63元,合计1 467 101.63元。应缴营业税50 959.49元,城市维护建设税2 547.97元,教育费附加1 528.78元,地方教育附加509.59元,印花税509.60元,按核定带征率2%应缴个人所得税33 972.99元的违法事实。决定对张强少缴的印花税处以少缴税款3倍的罚款计1 528.8元。对张强不进行纳税申报行为处以少缴税款(营业税50 959.49元、城市维护建设税2 547.97元、个人所得税33 972.99元)0.5倍罚款计43 740.23元。以上应缴罚款45 269.03元。限张强自接到本决定书之日起十五日内向某市地税局稽查局清缴入库。逾期未缴,则按《中华人民共和国行政处罚法》第51条的规定进行处理。张强不服,依法向某市地方税务局申请行政复议。经复议,某市地方税务局于2004年2月12日作出行政复议决定书,决定维持稽查局作出的行政处罚决定。

另外,稽查局对张强承包该水泥公司矿山削顶工程收入1 698 649.60元使用假发票进行工程结算未申报缴纳的税务违法行为,亦于2003年9月24日作出税务处理决定书,决定对张强少缴的营业税、城市维护建设税、教育费附加、地方教育附加、个人所得税、印花税予以补征,并加收滞纳金计,合计94 220.71元。张强将上述各种税费和滞纳金缴入指定账户,但不服该处理决定,于2003年10月27日向某市地方税务局申请行政复议。经复议,某市地方税务局于2004年2月12日作出行政复议决定书予以维持。张强不服,提起行政诉讼。

【审理结果】

区人民法院认为,行政机关作出具体行政行为应当证据确凿,适用法律、法规正确,符合法定程序,职权法定。本案中,张强的税务违法行为事实存在,应予处罚。稽查局虽然依职权对张强的税务违法行为进行查处,认定了张强未纳税申报,不缴或少缴应纳税款的事实,但稽查局对张强税务违法行为作出的本案被诉具体行政行为未具体适用认定张强税务违法行为性质的定性法条,且对张强的税务违法行为作出处罚的实体处理适用法律、法规错误,依法应予撤销。判决如下:

1. 撤销稽查局于2003年9月24日作出的税务行政处罚决定书。

2. 稽查局应在本判决书生效之日起30日内对本案张强的本起税务违法行为重新作出具体行政行为。

稽查局不服,提起上诉。中级人民法院经审理认为,纳税人必须依照法律、行政法规确定的申请期限、申报内容如实办理纳税申报,依法缴纳税款。上诉人对被上诉人作出处罚决定的前提是对被上诉人不缴或少缴的应纳税款、滞纳金予以追缴,并依据追缴的税款的数额处以50%以上5倍以下的罚款。上诉人另案作出的追缴被上诉人应缴税款和滞纳金的处理决定因事实不清、适用法律错误被依法撤销,故上诉人对被上诉人作出的行政处罚决定不能成立,依法应予撤销。原审判决理由虽有不当,但认定事实清楚,判决撤销上诉人对被上诉人作出的行政处罚决定和责令上诉人重新作出行政行为正确,应予维持。上诉理由不能成立,诉请不予支持。依照《中华人民共和国行政诉讼法》第61条第(一)项的规定,判决,驳回上诉,维持原判。

【法理评说】

本案是一起因使用假发票结算工程款未申报缴纳税款被行政处罚案。该案主要涉及对《中华人民共和国税收征收管理法》第64条第二款的理解和适用问题。

1. 该案涉及违反何款法律

《中华人民共和国税收征收管理法》第64条第二款明确了同时具有不进行纳税申报,不缴或者少缴应纳税款的税务违法行为人所应当承担的法律责任,体现了责罚相当原则和防止重复处罚。现实中,存在纳税人未依法进行纳税申报,形成未在规定的期限缴纳应缴的税款或者未依法进行纳税申报,经税务机关通知申报而不申报,税务机关依法行使核税权后,不缴或者少缴应纳税款,但又不适用《中华人民共和国税收征收管理法》第63条规定处理的情形,以及纳税人不进行纳税申报,造成不缴或者少缴应缴税款或者故意不进行纳税申报,侥幸达到不缴或者少缴应纳税款等情形。对该类税务违法行为的处理以及法律责任,《中华人民共和国税收征收管理法》第62条、第63条、第64条第二款、第68条等法条及《中华人民共和国税收征收管理法实施细则》等有关规定,已经科学地、严谨地作了相应的规范,税务机关应当严格依据其规定并遵循"通知申报、责令改正、限期缴纳"等有关程序规定,以法律、行政法规规定或者税务机关依照法律、行政法规的规定确定的期限为时间界定,客观全面分析行为人的主观意识,认定其是故意还是非故意的,并根据行为人的主观过错,依据相应法条的规定对其作出相应的处罚(处理)决定。在本案中,稽查局采用了该释义中第60条第二款"此款规定的纳税人不进行申报,是指纳税人发生法律、行政法规规定的纳税义务,超过规定的期限未进行纳税申报、不缴或者少缴税款的情形"的释义,认为张强的税务违法行为为《中华人民共和国税收征收管理法》第64条第二款规定的纳税人不进行纳税申报,不缴或者少缴应纳税款的行为,并进行处罚。这与《中华人民共和国税收征收管理法》第62条的规定并不矛盾。稽查局适用《中华人民共和国税收征收管理法》第64条第二款的规定对张强进行处理和处罚是对的。

2. 适用法律、法规的完整性

税收收入是国家的法定收入,由国家强制征收。"公民有依法纳税的义务"是我国宪法规定的一项基本义务。本案张强是完全民事行为人,其向水泥公司承包矿山削顶工程取得经营收入,即为法律、行政法规规定负有纳税义务的纳税人,应当依法履行办理纳税申报义务,并缴纳税款。但是张强未按有关纳税申报期限和税款缴纳期限的规定,办理纳税申报和以工程决算收入为应纳税依据规定足额缴纳税费,而是使用他人为其开具的假发票办理工程结算。张强的行为违反了纳税申报的管理规定,同时也违反了税收征收管理的规定,并已实际形成未按时足额缴纳税款的后果,依法应当承担法律责任。但稽查局对张强税务违法事实的认定,没有具体援引定性法条对张强的税务违法行为的性质作出认定,仅阐明张强"未申报缴纳"的事实,没有阐明张强具体违反法律、法规或者规章规定的具体法条,没有明确张强违法行为的具体性质和该违法行为所应当承担的法律责任,同时亦不符合《中华人民共和国行政处罚法》第39条第一款第(二)项,有关行政处罚决定书应当载明违反法律、法规或者规章的事实和证据的规定。且稽查局在适用《中华人民共和国税收征收管理法》第64条第二款对张强税务违法行为作出实体处理时,仅选择适用该法条中的罚款规定,没有适用该法条必须适用的"由税务机关追缴其不缴或者少缴的税款、滞纳金"的主罚规定对张强的税务违法行为作出处罚,不能达到完整适用该法条规定依法处理税务违法行为的法律效果,有悖于该法条规定的本意,稽查局适用法律、法规存在瑕疵。由于稽查局作出的本案被诉具体行政行为适用法律、法规错误,依法应认定稽查局作出的本案被诉具体行政行为不符合法律规定。原审法院作出撤销稽查局作出的税务行政处罚决定书是正确的。

【法律依据】

《税收征收管理法》第63条规定:"纳税人伪造、变造、隐匿、擅自销毁账簿、记账凭证,或者在账簿上多列支出或者不列、少列收入,或者经税务机关通知申报而拒不申报或者进行虚假的纳税申报,不缴或者少缴应纳税款的,是偷税。对纳税人偷税的,由税务机关追缴其不缴或者少缴的税款、滞纳金,并处不缴或者少缴的税款百分之五十以上五倍以下的罚款;构成犯罪的,依法追究刑事责任。扣缴义务人采取前款所列手段,不缴或者少缴已扣、已收税款,由税务机关追缴其不缴或者少缴的税款、滞纳金,并处不缴或者少缴的税款百分之五十以上五倍以下的罚款;构成犯罪的,依法追究刑事责任。"

中华人民共和国行政处罚法（以下简称《行政处罚法》） 本法由中华人民共和国第八届全国人民代表大会第四次会议于1996年3月17日通过，自1996年10月1日起施行。行政处罚的设定和实施，适用本法。

《行政处罚法》第39条规定："行政机关依照本法第三十八条的规定给予行政处罚，应当制作行政处罚决定书。行政处罚决定书应当载明下列事项：（一）当事人的姓名或者名称、地址；（二）违反法律、法规或者规章的事实和证据；（三）行政处罚的种类和依据；（四）行政处罚的履行方式和期限；（五）不服行政处罚决定，申请行政复议或者提起行政诉讼的途径和期限；（六）作出行政处罚决定的行政机关名称和作出决定的日期。行政处罚决定书必须盖有作出行政处罚决定的行政机关的印章。"

《行政诉讼法》第54条规定："人民法院经过审理，根据不同情况，分别作出以下判决：（一）具体行政行为证据确凿，适用法律、法规正确，符合法定程序的，判决维持。（二）具体行政行为有下列情形之一的，判决撤销或者部分撤销，并可以判决被告重新作出具体行政行为：1.主要证据不足的；2.适用法律、法规错误的；3.违反法定程序的；4.超越职权的；5.滥用职权的。（三）被告不履行或者拖延履行法定职责的，判决其在一定期限内履行。（四）行政处罚显失公正的，可以判决变更。"

最高人民法院《关于执行〈中华人民共和国行政诉讼法〉若干问题的解释》

《法释〔2000〕8号》第59条规定："根据行政诉讼法第五十四条第(二)项规定判决撤销违法的被诉具体行政行为，将会给国家利益、公共利益或者他人合法权益造成损失的，人民法院在判决撤销的同时,可以分别采取以下方式处理:(一)判决被告重新作出具体行政行为;(二)责令被诉行政机关采取相应的补救措施;(三)向被告和有关机关提出司法建议;(四)发现违法犯罪行为的,建议有关机关依法处理。"

四

合同的签订与履行

借款利率"超四倍" 违法所得抵本金

【案情回放】

1998年7月,刘开才因生活需要向王应福出具借条借款15 000元,并口头约定月利率为4%(月利息为600元)。从1998年7月25日起至2002年4月1日止,刘开才按月给付利息计26 100元,其中2002年3月只给付利息300元。以后,王应福索要本息,刘开才拒付。2003年9月,王应福向法院提起诉讼。诉讼中,被告刘开才辩称其约定的利率已超过最高法院规定的银行同类贷款利息的4倍,主张其超过部分的利息应折抵本金。

【审理结果】

法庭在审理中根据最高人民法院《关于人民法院审理借贷案件的若干意见》第6条民间借贷利率最高不得超过银行同类贷款利率的4倍,超过此限度的,超过部分的利息不予保护以及《合同法》第211条第二款自然人之间约定的借款利率不得违反国家有关限制借款利率的规定,本案原、被告约定的利率已违反这二项规定,属违反法律的强制性规定,应为无效。法院支持了被告刘开才的诉讼请求,判决应按最高人民法院规定的4倍利息进行调整,将该利息折抵被告本金。

【法理评说】

民间借款是指自然人之间自愿协商，由贷款人向借款人提供资金，借款人在约定或法定的期限内归还借款的行为。民间借款的利息是在借款事实发生的基础上产生的，由双方当事人约定。因此，民间借款利息实质为自然人之间因借款合同关系的成立而生之债，简言之归属合同之债。是按合同的约定在当事人之间产生的特定权利义务关系。其法律特征符合债法的特征。

民间借款利息的法律规定较为原则，至今为止已明确规定自然人之间的借款利息的有：《合同法》第211条、《民法通则》第90条、最高人民法院《关于人民法院审理借贷案件的若干意见》第6条。从以上法律和司法解释可以看出，对自然人之间的借款，立法精神是以自愿为原则，充分体现私权自治（合同法），一定范围限制高利率。

合同法规定了借款的利率不得违反国家有关限制借款利率的规定；最高法院司法解释为约定利率最高不得超过银行同类贷款利率的4倍。

所谓"超四倍"利息即上述的当事人约定的利率超过银行同类贷款利率的4倍。对"超四倍"利息有二种情况：

（1）约定利率超过4倍，但当事人实际没有按约定的利率支付，或没有支付利息，纠纷后，法院对超过4倍的利息不予支持，但4倍以内的应予支持。这种情况在司法实践中都按此原则处理。

（2）约定利率超过4倍，当事人已履行完毕后，又起诉，要求对超过四倍部分予以返还。法院一般对以上请求给予支持，理由是合同法明确规定：借款利率不得违反国家有关限制借款利率的规定。而最高法院的司法解释规定,最高不得超过银行同类贷款利率的4倍。自然之债是指法律对某种行为没有规定,对此债当事人自愿履行的法律不强制返还,没有履行的,法律不强制履行。而利息之债不是法律没有规定,其债的产生应受法律的约束,即为合同之债,不属于自然之债。

【法律依据】

《民法通则》第90条规定:"合法的借贷关系受法律保护。"

《民法通则》第134条规定:"承担民事责任的方式主要有:(一)停止侵害;(二)排除妨碍;(三)消除危险;(四)返还财产;(五)恢复原状;(六)修理、重作、更换;(七)赔偿损失;(八)支付违约金;(九)消除影响、恢复名誉;(十)赔礼道歉。以上承担民事责任的方式,可以单独适用,也可以合并适用。人民法院审理民事案件,除适用上述规定外,还可以予以训诫、责令具结悔过、收缴进行非法活动的财物和非法所得,并可以依照法律规定处以罚款、拘留。"

最高人民法院《关于人民法院审理借贷案件的若干意见》(以下简称《法(民)发〔1991〕21号》)

《法(民)发〔1991〕21号》规定:"民间借贷的利率可以适当高于银行的利率,各地人民法院可根据本地区的实际情况具体掌握,但最高不得超过银行同类贷款利率的四倍(包含利率本数)。超出此限度的,超出部分的利息不予保护。"

《合同法》第52条规定:"有下列情形之一的,合同无效:(一)一方以欺诈、胁迫的手段订立合同,损害国家利益;

(二)恶意串通,损害国家、集体或者第三人利益;(三)以合法形式掩盖非法目的;(四)损害社会公共利益;(五)违反法律、行政法规的强制性规定。"

《合同法》第211条规定:"自然人之间的借款合同对支付利息没有约定或者约定不明确的,视为不支付利息。自然人之间的借款合同约定支付利息的,借款的利率不得违反国家有关限制借款利率的规定。"

最高人民法院关于适用《合同法》若干问题的解释(一)(以下简称《法释〔1999〕19号》)

《法释〔1999〕19号》第4条规定:"合同法实施以后,人民法院确认合同无效,应当以全国人大及其常委会制定的法律和国务院制定的行政法规为依据,不得以地方性法规、行政规章为依据。"

两份合同引发纠纷　后者效力优于前者

【案情回放】

刘磊系某村农民,1996年到北京务工。由于踏实勤奋,很快就得到公司领导的器重,收入也比较丰厚。1999年刘磊从公司辞职,拿出积蓄个人开办个人企业,从事服装的批发。由于经营得道,发展很快。

2004年4月,为扩大经营,刘磊与另外两人合伙,决定开办有限责任公司。在公司办理营业执照之前,刘磊先与和顺公司签订房屋租赁合同,约定和顺公司将坐落于某县新华北街134号办公楼一层门面房三间（南侧房）出租给刘磊,使用面积60平方米,出租期限原则上定为3年。房租租金为每年68 000元,付款方式为半年一付。刘磊须于2004年5月1日前首付4万元,包含半年租金及6 000元房租押金。其余34 000元租金应于2004年11月1日前交清。刘磊超出期限或者不能如数交付租金,本合同自行失效,和顺公司可自行安排他用。该合同还约定,和顺应确保出租房南侧门安装阶梯的必要经营条件下,本协议方可生效。同时,在刘磊办理营业执照时,出租人应提供与租房相关的资料。后和顺公司在刘磊所持合同文本上加盖公章。刘磊、和顺公司还签订了另外一份房屋租赁合同,约定和顺公司将坐落于某县新华北街134号办公楼一层门面房两间（西侧房）出租给刘磊,建筑面积40平方米,出租期限原则上定为3年。房租为每年45 000元,付款方式为年付。刘磊须于2004年5月1日前首付45 000元,包含2004年5月10日至2005年4月9日共11个月的租金41 250元及3 750元的房租押金。其余3 750元租金,刘磊须于2005年4月1日前付清。和顺公司同意刘磊在本楼南侧指定的部分区域做其公司的灯箱,但原告须自行向城管等部门报批后方可施工。刘磊同意其在南门面上方所做的临时灯箱,在该门面退租后立即拆除。该合同双方所持合同文本上均盖有双方公章。

上述两份合同落款日期均为2004年5月1日,但刘磊、和顺公司均称,该日期并非合同真正签订的日期。2004年4月13日,原告给付某公司租房押金1 000元。同年4月

26日,刘磊给付和顺公司租金34 000元及房屋押金6 000元。同年4月31日,刘磊给付和顺公司租金4 000元。2004年8月21日,南侧房前已经存在阶梯。同日,原告向和顺公司发出履行合同通知,以南侧房已经安装了合同规定的阶梯,合同已经生效为由,要求和顺公司履行南侧房租赁合同。刘磊认为,和顺公司未履行前述南侧房租赁合同,故诉至法院,请求判令和顺公司立即履行该房屋租赁合同。被告辩称,我方与原告签订南侧房租赁合同属实,但是该合同已经被后来签订的某县新华北街134号的办公楼一层西侧40平方米的门面房两间(西侧房租赁合同)的租赁合同所废止,故原告的诉讼请求无法律依据,请求依法驳回原告的诉讼请求。

【审理结果】

法院在审理中认为,虽然两个合同均写明2004年5月1日签订,但是双方均承认,该日期并非合同的真正签订日期,故不应以此作为合同的签订日期,从合同签订的内容及庭审查明的事实来看,可以推定,西侧房租赁合同签订日期应在南侧房合同签订日期之前,西侧房租赁合同的内容已经事实上终止了南侧房租赁合同,故应依法驳回原告的诉讼请求。

法院经审理认为,南侧房租赁合同已经被西侧房租赁合同所废止,原告要求被告履行南侧房租赁合同的诉讼请求,无事实依据,故判决驳回原告的诉讼请求。

【法理评说】

本案是房屋租赁合同纠纷。房屋租赁合同是指房屋出租人将房屋提供给承租人使用,承租人定期给付约定租金,并于合同终止时将房屋完好地归还出租人的协议。房屋租赁合同内容主要包括房屋地址、居室间数、使用面积、房屋家具电器、层次布局、装饰设施、月租金额、租金缴纳日期和方法、租赁双方的权利义务、租约等。

承租人的权利在承租期内占有、使用房屋。租期届满后,原承租人优先继租。承租人应正当使用承租的房屋,按合同规定交付租金,在租期届满时将原房完好返还出租人。

出租人的权利是监督合理使用房屋,按合同收取租金,在租期届满后收回出租的房屋。其义务是将出租的房屋按合同规定交付承租人使用,并定期对房屋及设施进行检查、维修,保证承租人使用。

本案双方争议的焦点是南侧房租赁合同与西侧房租赁合同签订顺序问题。根据现有证据,无法直接证明被告所主张的南侧房租赁合同已经被西侧房租赁合同所废止的说法。但是,根据查明的事实所推定出的事实,足以推定南侧房租赁合同在西侧房租赁合同之前签订,并已经被后者所废止,进而作出判决。

本案涉及到两个事实的推定:

一是关于两份合同签订时间顺序的事实。两份合同书上所写签订日期同为2004年5月1日,但双方均称合同书上所写签订日期与真实的合同签订日期不一致,故应以当事人的真实意思为准,以实际签订日期为合同签订日。现双方对两份合同实际签订顺序发生争议,该争议是原告之诉讼请求是否应予支持的关键。南侧房租赁合同约定,在刘磊办理营业执照时,被告应提供与租房相关的资料。据此可以推定,该合同签订时,原告尚未成立。西侧房租赁合同双方所持合同文本均有双方公章,公章系合同签订之时所盖,可见签订之时原告已经成立。故南侧房租赁合同系在西侧房租赁合同之前签订。

另一个是合同签订之时诉争房屋法律状态的事实。西侧房租赁合同约定,被告同意原告在本楼南侧指定的部分区域做其公司的灯箱,但原告须自行向城管等部门报批后方可施工。原告同意其在南门面上方所做的临时灯箱,在该门面退租后立即拆除。据此可以推定,西侧房租赁合同签订之时,南侧房处于未出租状态。

根据上述两个推理可知,签订在后的西侧房租赁合同中双方认可南侧房处于未出租状态,显然,签订在先的南侧房租赁合同已经废止。故原告要求被告履行南侧房租赁合同的诉讼请求,无事实依据,故应予以驳回。

【法律依据】

《合同法》第77条规定:"当事人协商一致,可以变更合同。"

《合同法》第212条规定:"租赁合同是出租人将租赁物交付承租人使用、收益,承租人支付租金的合同。"

《合同法》第213条规定:"租赁合同的内容包括租赁物的名称、数量、用途、租赁期限、租金及其支付期限和方式、租赁物维修等条款。"

《合同法》第215条规定:"租赁期限六个月以上的,应当采用书面形式。当事人未采用书面形式的,视为不定期租赁。"

《合同法》第216条规定:"出租人应当按照约定将租赁物交付承租人,并在租赁期间保持租赁物符合约定的用途。"

《合同法》第223条规定:"承租人经出租人同意,可以对租赁物进行改善或者增设他物。

承租人未经出租人同意,对租赁物进行改善或者增设他物的,出租人可以要求承租人恢复原状或者赔偿损失。"

买卖无所有权的房屋　违反法律致合同无效

【案情回放】

原告雷世林诉称,2006年10月10日,原告和被告袁清在白杜村签订了一份买卖契约,约定被告袁清将坐落在西坞街道白杜村一间砖瓦水泥结构二楼出卖给原告。原告一次性向被告袁清支付了房款55 000元,被告袁清也向原告交付了集体土地使用权证。其后原告发现其所购买的房屋并非被告袁清所有,原告多次要求被告袁清归还购房款55 000元未果,遂诉请法院确认双方合同无效,要求被告袁清归还房屋买卖款55 000元,本案诉讼费由被告承担。被告袁清辩称,买卖过程属实,土地使用权证登记在其名下,他是所有权人。买卖房屋出于双方自愿,并订有书面合同,对方要求返还房屋买卖款没有理由。

经过双方质证,以下事实可以认定。1997年5月20日,在某市人民法院主持下,袁清、常桂珍夫妇和某市大桥信用社达成执行和解协议,约定袁清所有的坐落在某市白杜乡白杜村砖混二层楼房一间(即本案讼争房屋)抵偿给某市大桥信用社所有,袁清、常桂珍应当在1997年5月30日前将集体土地使用权证交给大桥信用社,1997年7月20日前腾房出屋。后袁清、常桂珍未能履行和解协议,某市人民法院裁定将本案讼争房屋抵偿给某市大桥信用社所有。此后大桥信用社一直未办理房屋的过户手续,被告袁清也一直保有诉争房屋的集体土地使用权证。2006年10月10日,被告袁清又将讼争房屋出卖给了原告雷世林,并实收房款53 000元。后原告雷世林认为被告袁清对本案讼争房屋没有所有权,故诉请法院确认合同无效,并返还房款。

【审理结果】

法院经审理认为,合同内容违反法律、法规禁止性规定的属无效合同。原、被告订立的房屋买卖合同的标的是位于西坞街道白杜村的集体土地上的房屋,房屋的买卖及于土地和地上建筑物,基于房地一体的原则,房屋和土地不得单独转让。根据我国有关法律规定集体所有土地不得买卖,因此原、被告之间订立的房屋买卖合同整体归于无效。原告要求确认合同无效,返还购房款的诉讼请求本院予以支持。综上,根据《中华人民共和国土地管理法》第2条第(三)款、《中华人民共和国合同法》52条第1款第(五)项、第58条之规定,判决如下:

1. 原告雷世林和被告袁清之间签订房屋买卖协议无效。

2. 被告袁清在本判决生效之日起10日内返还原告雷世林购房款53 000元,原告雷世林在收到上述款项当日从诉争房屋腾房出屋。

【法理评说】

村民购买或者出卖宅基地应遵守的规则如下：

（1）不得违反一户一宅的原则。即一户农户家庭只能拥有一处宅基地。在此处该户农户所拥有的宅基地是否是其所在的集体经济组织并没有做出清楚的规定。

（2）宅基地的面积不得超过省、自治区、直辖市规定的标准。在这里《土地管理法》授权各省级单位根据各地实际情况制定宅基地面积的限制标准。

（3）不禁止农村村民出卖、出租房屋。但是在房屋出卖后需承担不能再取得宅基地的不利后果。这是因为宅基地一般是无偿取得，具有福利性的特点，所以一般不允许重复享受。

（4）禁止城镇居民在农村购置宅基地。

从上述规定分析来看，法律、法规并没有规定，不同集体组织成员之间的宅基地买卖是否可以流转。有论者以为，宅基地只能在本村村民之间转让，理由是在相关政府规章中只承认"宅基地可以在本村村民之间进行余缺调剂"，并据此做出反对解释，法律只认可了在本村村民之间的宅基地流转，否定了其他的宅基地流转形式。因此不同集体组织成员之间的宅基地买卖也为法律所否定。

本案中法院认为，房屋买卖中基于房地一体主义，必然包含了土地的买卖，所以从集体所有土地不能买卖出发确认合同无效。土地不能买卖这一前提固然正确，但是用在此处却不够准确。一般来说，买卖是指转让所有权的有偿合同。但是在我国土地公有的背景下，只有国家和集体才是土地所有权的主体，个人不能成为土地所有权的主体，因此人们所说的土地买卖或者房屋买卖,除非有特别说明的,从合同解释上来讲其标的都是土地使用权而不是土地所有权。结合本案的情况,并没有证据能够证明,当事人意欲订立一份转让土地所有权的合同。从这个角度来将房屋买卖合同解释为包含了买卖土地所有权的意思表示已经超出了当事人的真实意思。从这个角度来讲,以土地不能买卖来否定合同的效力似是而非。

在审理过程中,原告代理人甚至宁可败诉也要求法院确认房屋买卖合同有效。正是因为原告方也明确表示知道该房屋不能过户的有关规定,所以对于原告方来说一份确认合同有效的法院判决反而能成为其占有该房屋的合法凭证,从某种程度上甚至能替代土地使用证。所以原告才会积极追求在表面上对其不利的判决。

不动产物权的设立、变更、转让和消灭,经依法登记,发生效力。集体土地使用权证不能表彰该土地上构建的建筑物的权利,但是基于房地一体的原则,房屋所有权必然包含了土地使用权的部分。目前由于行政机关有关规范性文件的限制,不同集体组织成员之间的宅基地是不能更名过户的。不动产的买卖又以不动产的变更登记为交付条件,由于不能实现土地使用权的变更登记也就意味着交易目的无法实现,买卖合同自始不能履行。据此合同因自始不能履行而归于无效。

【法律依据】

中华人民共和国土地管理法(以下简称《土地管理法》) 《土地管理法》于 1986 年 6 月 25 日第六届全国人民代表大会常务委员会第十六次会议通过,根据 1988 年

12月29日第七届全国人民代表大会常务委员会第五次会议《关于修改〈中华人民共和国土地管理法〉的决定》第一次修正,1998年8月29日第九届全国人民代表大会常务委员会第四次会议修订,根据2004年8月28日第十届全国人民代表大会常务委员会第十一次会议《关于修改〈中华人民共和国土地管理法〉的决定》第二次修正。

《土地管理法》第2条规定:"任何单位和个人不得侵占、买卖或者以其他形式非法转让土地。土地使用权可以依法转让。"

《土地管理法》第62条规定:"农村村民一户只能拥有一处宅基地,其宅基地的面积不得超过省、自治区、直辖市规定的标准。"

《合同法》第52条规定:"有下列情形之一的,合同无效:

(一)一方以欺诈、胁迫的手段订立合同,损害国家利益;

(二)恶意串通,损害国家、集体或者第三人利益;

(三)以合法形式掩盖非法目的;

(四)损害社会公共利益;

(五)违反法律、行政法规的强制性规定。"

《合同法》第53条规定,"合同中的下列免责条款无效:

(一)造成对方人身伤害的;

(二)因故意或者重大过失造成对方财产损失的。"

《合同法》第58条规定:"合同无效或者被撤销后,因该合同取得的财产,应当予以返还;不能返还或者没有必要返还的,应当折价补偿。有过错的一方应当赔偿对方因此所受到的损失,双方都有过错的,应当各自承担相应的责任。"

《国务院关于深化改革严格土地管理的决定》(国发〔2004〕28号) 由国务院于2004年10月21日印发

"禁止农村集体经济组织非法出让、出租集体土地用于非农业建设。改革和完善宅基地审批制度,加强农村宅基地管理,禁止城镇居民在农村购置宅基地。引导新办乡村工业向建制镇和规划确定的小城镇集中。在符合规划的前提下,村庄、集镇、建制镇中的农民集体所有建设用地使用权可以依法流转。"

不可抗力致损失　合同各方应自担

【案情回放】

陈刚及许军、王东、李春生经某镇人民政府许可,在陈刚及许军向该镇政府交纳了"海滩养殖租金"3 000元后,陈刚及许军、王东、李春生三人分别于2001年7月29日和2001年7月25日与黄大奎签订协议书。许军、王东、李春生与黄大奎的协议约定:甲方(许军等三人)将挖塘工程承包给乙方(黄大奎)施工,工程单价每亩3 000元计,乙方机械进场之时,甲方付定金5 000元,同时付调车费1 500元(调机费由甲方负责,不计在工程款内),甲方负责安排机手吃住,保障乙方施工所需油料,机手生活费及油料费待工程完工时从乙方工程款中扣除。如遇施工难度大地段时,甲方必须遵守乙方机手意见,由甲方自备有关防止陷机辅助材料,确保机械安全,方可继续进行施工。陈刚也与黄大奎签了内容相同的另一份协议。同年8月初,双方又签订了一份《补充协议书》,约定:乙方在施工过程中,遇到陷机地段时,在没有办法的情况下,甲方不能强要求乙方继续施工,余下的乙方不能施工的工程量由甲方自行解决。在施工过程中,为防止陷机所采取措施的费用,由甲方负责。签订协议后,黄大奎于2001年7月27日开始为许军、王东、李春生三人施工挖鱼塘至8月19日停止施工。于2001年8月21日开始为陈刚施工挖鱼塘至8月26日停工。在施工过程中,黄大奎以施工场地陷机无法继续施工为由停止施工,并提出退场,致使双方发生纠纷。陈刚、许军、王东、李春生将黄大奎的一台挖掘机扣下。2001年8月28日至9月12日,该地区遭受某号台风袭击及连降大雨,洪水将黄大奎已完成的部分工程全部冲毁。黄大奎从陈刚处领取了定金5 000元、调机费1 500元,陈刚为黄大奎垫付了机手生活费3 417元、燃油费2 093元,合计12 010元,黄大奎从许军、王东、李春生处领取定金5 000元、调机费1 500元、燃油费3 405.60元、工程预付款3 500元,合计13 405.60元。2001年11月26日,陈刚、许军、王东、李春生四人以黄大奎违反合同约定,不履行合同义务为由诉至法院。

另,2001年11月9日,黄大奎以陈刚、许军、王东、李春生违反合同,应承担不可抗力所造成的工程损失及扣留挖掘机造成的损失为由诉至原审人民法院,请求判令赔偿其一切经济损失。经原审法院审理查明:原告黄大奎收取被告许军、王东、李春生定金5 000元、工程预付款3 500元、调机费1 500元、燃油费3 045.60元,共13 405.60元;收取陈刚工程预付款5 000元,调机费1 500元,陈刚垫付生活费

3 423元,共 12 016元。以上两部分共 25 421.60元。在双方发生纠纷后,被告陈刚等四人将原告的一台挖掘机扣下,造成的损失为 27 124元。2001年12月1日,当地的镇领导、镇司法办、某边防派出所等出面与被告方交涉,被告方才同意原告将挖掘机开走。原审法院以〔2001〕某民初字第 781号民事判决书判决:被告陈刚、许军、王东、李春生应赔偿原告黄大奎的经济损失 1 702.40元。四被告之间互负连带责任。限于判决生效后 10日内付清。宣判后,双方均未提起上诉,该判决已发生法律效力。

【审理结果】

一审法院认为:

1. 原告陈刚及原告许军、王东、李春生三人分别与被告黄大奎签订的"协议书"有效。

2. 双方在签订合同时,既无约定承揽施工面积和无施工期限,而是以实际完成量为验收标准结算。被告未能提供其陷机的充分证据,且该场地在施工过程中也从未发现过陷机现象,因而被告主张陷机的事实不予认定,其主张不能成立。

3. 由于双方发生纠纷致使施工停止,合同不能继续履行,在双方协商之际,洪水来临致使被告已施工好的部分工程(未丈量)受洪水冲毁,所剩无几。原告方的经济损失被告有一定的过错,应承担相应责任。现原告提出解除合同被告亦表示同意,被告不完全履行合同,已履行的部分工程因洪水冲毁,其占总工程量的多少现已无法估算,故定金只能返还 5 000元给原告。原告方虽为被告垫付了一定的生活费、燃油费,但已全部投入劳动,被告在主观上无明显的故意,加之洪水到来系不可抗力,故原告方的损失可酌情予以赔偿,被告方的损失由其自负。被告应赔偿原告的调机费1 500元及返还工程预付款3 500元。原告要求被告支付违约金各10 000元于法无据,不予支持。

一审法院依照《中华人民共和国合同法》第94条第(四)项、第107条、第115条之规定,作出如下判决:

1. 解除原告许军、王东、李春生三人和原告陈刚分别与被告黄大奎于2001年7月25日和2001年7月29日签订的承揽合同(挖塘协议)。

2. 被告黄大奎应返还原告陈刚定金5 000元,赔偿损失1 500元,合计6 500元,限于本判决生效之日起1个月内付清。

3. 被告黄大奎应返还原告许军、王东、李春生等三人定金5 000元,工程预付款3 500元及赔偿损失1 500元,合计10 000元,限于本判决生效之日起1个月内付清。

4. 驳回原告许军、王东、李春生和原告陈刚的其他诉讼请求。案件受理费1 480元由原告许军、王东、李春生负担320元,原告陈刚负担480元,被告黄大奎负担680元。

黄大奎不服一审判决,提起上诉。二审法院认为:上诉人黄大奎与被上诉人陈刚及被上诉人许军、王东、李春生四人分别签订的《协议书》是双方的真实意思表示,且内容不违返法律法规规定,应确认合法有效。在合同履行过程中,上诉人认为施工场地陷机无法继续施工,被上诉人对此有异议而发生纠纷,以致施工停止,双方在协商之际,由于台风及连降大雨,致使上诉人已施工好的部分工程被洪水冲毁,已完成的工程量也无法估算,合同无法继续履行。台风及洪水属不可抗力,因不可抗力致使合同无法继续履行双方均没有过错,由此造成的损失应由各方自行承担。被上诉人主张上诉人违约无事实根据,其请求上诉人支付违约金无法律依据,依法不予支持;原审认定被上诉人提出解除合同,上诉人也表示同意,故双方签订的协议书应依法解除;解除合同后,被上诉人陈刚支付给上诉人的定金5 000元、调机费1 500元、燃油费2 093元应由上诉人返还给陈刚,上诉人从许军、王东、李春生处领取的定金5 000元、调机费1 500元、燃油费3 405.60元、工程预付款3 500元也应返还给被上诉人许军等三人。但本案一审判决前,以上诉人作为原告已以四被上诉人违反合同及扣挖掘机造成损失为由诉至原审法院,原审法院以〔2001〕某民初字第781号民事判决书确认,上诉人黄大奎挖掘机被扣所造成的损失为27 124元,扣除四被上诉人预付的工程款、垫付的生活费、燃油费等共25 421.60元,四被上诉人应共同赔偿损失1 702.40元,该判决已发生法律效力。由于该判决对四被上诉人在履行合同中所支付的所有费用已予确认,并将应返还的款项抵偿上诉人的损失后进行了判决,因此,原审法院即本案再判决上诉人返还被上诉人陈刚定金款、调机费、返还被上诉人许军等三人定金款、工程预付款、调机费显属重复支付。至于被上诉人的其他损失,因在审理过程中被上诉人未举证,无法认定,故应由负有举证责任的被上诉人承担举证不能的法律后果。原审认定事实不清,适用法律不当,判决不妥,应予纠正。上诉人上诉认为,原审判决给付款项属重复支付有理,应予支持。二审法院定案结论依照《中华人民共和国民事诉讼法》第153条第一款第(二)、(三)项之规定,判决如下:

1. 维持初审人民法院〔2001〕对本案的民事判决的第一

项、第四项。

2. 撤销初审人民法院〔2001〕对本案的民事判决的第二项、第三项。

3. 一、二审诉讼费各 1 480 元由被上诉人陈刚承担 1 480 元,被上诉人许军、王东、李春生共同承担 1 480 元。

【法理评说】

上诉人和被上诉人之间签订的《协议书》及《补充协议书》是双方的真实意思表示,且合同主体、内容不违反法律规定,故应确认有效。

违约责任是指合同当事人因违反合同所应承担的继续履行、赔偿损失等民事责任。本案双方所签的协议有违约条款约定,但从案件所查明的事实看,在合同履行过程中,上诉人认为施工场地陷机无法继续施工,被上诉人对此有异议而发生纠纷,以致施工停止,正在双方协商之际,由于台风等原因,致使上诉人已施工好的部分工程被洪水冲毁,已完成的工程量也无法估算,合同无法继续履行,此属不可抗力因素造成,所造成的损失应由各方自行承担。被上诉人主张上诉人违约无事实根据,且此前原审法院已生效的〔2001〕民事判决书也已作出相应认定,故被上诉人请求上诉人支付违约金无理,依法不予支持。

解除合同后,被上诉人已支付给上诉人的有关费用及已垫付的有关费用应由上诉人返还给被上诉人,但在本案判决前,原审法院已生效的〔2001〕民事判决书已对在履行合同过程中就上诉人机械被扣造成的损失作出认定,并将被上诉人已支付及垫付的有关费用扣抵后判决被上诉人共同赔偿不足部分的经济损失,本案再判决上诉人返还被上诉人支付及垫付相关费用,显然属于重复判决。

综上,原审法院审理本案忽视了生效的对本案民事判决,而导致同一款项两次判决,二审法院全面审核后进行改判是正确的。

【法律依据】

《合同法》第94条规定:"有下列情形之一的,当事人可以解除合同:(一)因不可抗力致使不能实现合同目的;(二)在履行期限届满之前,当事人一方明确表示或者以自己的行为表明不履行主要债务;(三)当事人一方迟延履行主要债务,经催告后在合理期限内仍未履行;(四)当事人一方迟延履行债务或者有其他违约行为致使不能实现合同目的;(五)法律规定的其他情形。"

《合同法》第107条规定:"当事人一方不履行合同义务或者履行合同义务不符合约定的,应当承担继续履行、采取补救措施或者赔偿损失等违约责任。"

《合同法》第115条规定:"当事人可以依照《中华人民共和国担保法》约定一方向对方给付定金作为债权的担保。债务人履行债务后,定金应当抵作价款或者收回。给付定金的一方不履行约定的债务的,无权要求返还定金;收受定金的一方不履行约定的债务的,应当双倍返还定金。"

《民事诉讼法》第153条规定:"第二审人民法院对上诉案件,经过审理,按照下列情形,分别处理:(一)原判决认定事实清楚,适用法律正确的,判决驳回上诉,维持原判决;(二)原判决适用法律错误的,依法改判;(三)原判决认定事实错误,或者原判决认定事实不清,证据不足,裁定撤销原判决,发回原审人民法院重审,或者查清事实后改判;(四)原判决违反法定程序,可能影响案件正确判决的,裁定撤销原判决,发回原审人民法院重审。当事人对重审案件的判决、裁定,可以上诉。"

子借父名签合同 违法贷款成无效

【案情回放】

1994年4月5日,被告王永明借用其父王树魁之名,向原告中国农行某支行(下称某农行)借款3万元,约定月利率10.98‰,借款期限至1995年3月5日,王树魁以自有的房产作抵押担保,并将产权证交给某农行。1995年3月2日,被告王永明又借用王树魁之名与某农行签订了延期还款协议书,将还款期限延长至1996年2月5日,后王永明陆续还款1万元并交利息至1998年6月20日。经某农行多次催还无果,于2000年12月4日向法院提出诉讼。

另一个事实,王树魁从借款到诉讼前,均不知道自己向某农行借过款,也没有将房产证拿给其子王永明使用,逾期催款也没有找过王树魁。直到诉讼时才知道其子王永明以自己的名义向某农行借了款,并办理了房产抵押手续。

【审理结果】

本案在审理过程中认为,王永明以王树魁的名义与某农行签订抵押借款协议书和抵押借款契约，不是双方当事人的真实意思表示,违反有关金融管理法规,因此,双方签订的借款合同和抵押合同属无效合同。对于农行提出王永明有其父王树魁的印章及房产证,说明王永明有代理权,可视为表见代理的理由不充分,不予支持,农行明知实际用款人是王永明,仍发放贷款,有一定的过错,应承担相应的民事责任。王树魁提出没有向农行借款,也没有委托王永明向农行借款的理由充分,予以支持;合同签订后,所借款由王永明占有使用,并陆续偿还了部分借款本息,余款本金应由王永明负责偿还,并赔偿农行因资金被占用所造成的部分损失,王树魁对上述债务不承担任何责任。

最终，法院判决王永明以其父名义与某农行分别签订了借款合同和抵押合同不是王树魁的真实意思表示，也不属于表见代理,两份合同均无效。

【法理评说】

首先,要认定该借款合同的效力问题,也就是要看是不是双方当事人的真实意思表示，显然该案中的王树魁从来没有到某农行过，也没有和某农行协商借款事宜。因此当时签订该借款合同时,不是王树魁的个人意思表示。

其次，是否存在委托或事后默认行为或表见代理呢？从该案介绍来看,委托不存在,某农行也无法举证证明王树魁有委托行为。默认行为是指事后知道某个行为与自己的利益有关,必须自己表明态度却不置可否,允许该行为存在的行为。从本案来看,王树魁也不存在默认行为。表见代理是否存在呢？表见代理制度是作为正常代理法律关系的一种特殊例外情形,其基本构成条件:其一,无权代理人没有获得本人授权;其二,无权代理人同相对人之间的民事行为具备民事法律行为的一般有效要件的表面特征,即无权代理人有代理权的客观表象;其三,相对人主观上善意无过失。所谓主观上须为善意,是指相对人不知道或者不应知道无权代理人实际上没有代理权;所谓主观上无过失,是指相对人的这种不知道并非因为其疏忽大意或者懈怠造成的。根据表见代表的特征来分析,本案的借款人王永明与其父王树魁是父子关系,从某种程度上讲能够拿到房产权证书和其他手续应当是具有一定的表见代理的表象特征,但其不符合表见代理的第三个特征,也就是相对人主观上善意无过失,本案的相对人某地农行存在过失行为,农行明知实际用款人是王永明,仍发放贷款,有一定的过错;办理抵押借款契约,违反应当评估和抵押人应当本人到场签字的有关规定,也违反了物权的特殊使用规定。因此,王永明的表见代理是不能成立的。

综上所述,王永明代其父名义与某地农行分别签订了借款合同和抵押合同不是王树魁的真实意思表示,也不属于表见代理,两份合同均应无效。

【法律依据】

《民法通则》第66条规定:"没有代理权、超越代理权或者代理权终止后的行为,只有经过被代理人的追认,被代理人才承担民事责任。未经追认的行为,由行为人承担民事责任。本人知道他人以本人名义实施民事行为而不作否认表示的,视为同意。"

《合同法》第48条规定:"行为人没有代理权、超越代理权或者代理权终止后以被代理人名义订立的合同,未经被代理人追认,对被代理人不发生效力,由行为人承担责任。相对人可以催告被代理人在一个月内予以追认。被代理人未作表示的,视为拒绝追认。合同被追认之前,善意相对人有撤销的权利。撤销应当以通知的方式作出。"

《合同法》第49条规定:"行为人没有代理权、超越代理权或者代理权终止后以被代理人名义订立合同,相对人有理由相信行为人有代理权的,该代理行为有效。"

《合同法》第51条规定:"无处分权的人处分他人财产,经权利人追认或者无处分权的人订立合同后取得处分权的,该合同有效。"

中华人民共和国担保法（以下简称《担保法》） 本法由中华人民共和国第八届全国人民代表大会常务委员会第十四次会议于1995年6月30日通过,自1995年10月1日起施行。在借贷、买卖、货物运输、加工承揽等经济活动中,债权人需要以担保方式保障其债权实现的,可以依照本法规定设定担保。

《担保法》第34条规定:"下列财产可以抵押:(一)抵押人所有的房屋和其他地上定着物;(二)抵押人所有的机器、交通运输工具和其他财产;(三)抵押人依法有权处分的国有的土地使用权、房屋和其他地上定着物;(四)抵押人依法有权处分的国有的机器、交通运输工具和其他财产;(五)抵押人依法承包并经发包方同意抵押的荒山、荒沟、荒丘、荒滩等荒地的土地使用权;(六)依法可以抵押的其他财产。抵押人可以将前款所列财产一并抵押。"

《担保法》第36条规定:"以依法取得的国有土地上的房屋抵押的,该房屋占用范围内的国有土地使用权同时抵押。以出让方式取得的国有土地使用权抵押的,应当将抵押时该国有土地上的房屋同时抵押。乡(镇)、村企业的土地使用权不得单独抵押。以乡(镇)、村企业的厂房等建筑物抵押的,其占用范围内的土地使用权同时抵押。"

《担保法》第37条规定"下列财产不得抵押:(一)土地所有权;(二)耕地、宅基地、自留地、自留山等集体所有的土地使用权,但本法第三十四条第(五)项、第三十六条第三款规定的除外;(三)学校、幼儿园、医院等以公益为目的的事业单位、社会团体的教育设施、医疗卫生设施和其他社会公益设施;(四)所有权、使用权不明或者有争议的财产;(五)依法被查封、扣押、监管的财产;(六)依法不得抵押的其他财产。"

中国农业银行贷款操作规程(试行)(以下简称《农业银行贷款操作规程》) 由中国农业银行1998年2月25日发布。

《农业银行贷款操作规程》第10条规定:"借款合法性的调查认定,应根据中国农业银行贷款法律审查的有关规定,重点调查认定:……(六)抵押物、质物清单所列抵押、质押物品的合法性。根据《中华人民共和国担保法》,土地所有权,耕地、宅基地、自留地、自留山等集体所有的土地使用权(《中华人民共和国担保法》第三十四条第(五)项、第三十六条第三款规定的除外),学校、幼儿园、医院等以公益为目的的事业单位、社会团体的教育设施、医疗卫生设施和其他社会公益设施,所有权、使用权不明或者有争议的财产,依法被查封、扣押、监管的财产,不得抵押。调查认定抵押人、出质人提供的抵押物、质物的权属证明真实、有效,抵押物、质物确为抵押人、出质人所有。"

中国农业银行贷款担保管理办法(以下简称《农行贷款

担保管理办法》) 由中国农业银行1997年9月30日发布。

《农行贷款担保管理办法》第19条规定:"以下财产不能作为贷款抵押物:(一)土地所有权。(二)耕地、宅基地、自留地等集体所有的土地使用权;抵押人依法承包并以发包人同意抵押的荒山、荒沟等荒地的土地使用权除外。(三)以公益为目的的事业单位、社会团体的教育设施、医疗卫生设施和其他社会公益设施。(四)所有权、使用权不明或有争议的财产,已被抵押的财产。(五)依法被扣押、查封和监管的财产。(六)依法不得抵押的其他财产。"

《农行贷款担保管理办法》第20条规定:"抵押物现值根据不同种类财产的现行市场价格、账面净值和变现程度,由农业银行与抵押人共同协商估价。对估价有争议的财产可以委托有资格评估机构估价。"

《农行贷款担保管理办法》第22条规定:"借款人提供的抵押担保经农业银行审核同意后,农业银行应和借款人、抵押人按照农业银行统一合同文本签订《贷款抵押担保合同》。"

以他人名义借款　应由使用人归还

【案情回放】

常松于2000年8月25日以种香菇为由,与某信用社签订《借款协议》约定:借款10 000元,月利率为16.08‰,借款期限自2000年8月25日起至2001年3月20日止。2001年8月21日,被告常松又分别用同村人李宝、李海、张振、李观的名义,分别与信用社签订《借款协议》借款6 000元、6 000元、6 000元、5 000元,月利率为12.81‰,约定借款期限自2001年8月21日起至2002年3月20日止。借款到期后,经信用社多次催讨,常松归还了1998年8月25日的部分借款3 500元和1999年8月21日的部分借款1 590元及利息,尚欠借款本金27 910元及利息未还。2004年3月17日,在信用社的要求下常松立下保证书,承诺由其本人于2005年11月20日还清以本村村民名义借到的4笔款项。逾期后,经信用社追讨,常松仍未归还。信用社于2007年向法院起诉,请求判令被告常松立即归还原告借款本金27 910元及利息(其中合同期内的利息按约定利率计算,逾期利息按人民银行同期逾期贷款利率计算至还清日止),并承担本案诉讼费用。

法院受理后,原告针对自己的主张向法庭提供的证据材料有:

1. 贷款申请书,拟证明被告常松自愿向原告提出申请。
2. 贷款凭证,拟证明被告及以本村村民的名义共同领取了借款的事实。

3. 被告常松的还款保证书,拟证明被告立下保证书,承诺由其本人按计划归还以本村村民名义借到的款项。

4. 逾期贷款催收通知书,拟证明原告曾向被告主张还款的事实。被告经法院拒不到庭也未对信用社的主张提出异议和其他相关证据。

【审理结果】

法院认为:原告与被告常松之间的借款行为系双方当事人真实意思表示,应认定有效。对于被告常松以其本村村民的名义借到的款项,因被告是实际对借款的控制使用人,并承诺由被告本人归还该4笔借款,根据当事人意思自治原则,应认定被告常松为实际借款人,被告逾期未归还借款本息,构成违约,应承担民事责任。被告常松经本院合法传唤,无正当理由拒不到庭,视为放弃抗辩权。原告的请求合理合法,本院予以支持。依照《中华人民共和国民事诉讼法》第130条、《中华人民共和国合同法》第60、84、107条判决被告常松于本判决生效后十日内归还原告借款本金27 910元及利息(合同约定期内的利息),其中本金6 500元的利息,按月利率16.08‰,自2000年8月25日起计算至2001年3月20日止;本金21 410元的利息,按月利率12.81‰自2001年8月21日起计算至2002年3月20日止。逾期后的利息按中国人民银行同期逾期贷款利率计算,其中本金6 500元自2001年3月21日起,剩余本金21 410元自2002年3月21日起均计算至款项还清日止。

案件受理费1 530元,其他诉讼费用500元,合计人民币2 030元,由被告负担(原告预交的诉讼费用不予退还,待本案执行时一并由被告支付)。

法院判决后,原、被告都未对该判决提起上诉。

【法理评说】

本案是一起典型的借款合同而引起的法律纠纷。借款是广大农民朋友在经商理财过程中经常都要遇到的,因此由于借款而产生法律纠纷就在所难免。借款合同,是当事人约定一方将一定种类和数额的货币权移转给他方,他方于一定期间返还同种类同数额货币的合同,也称借贷合同。其中,提供货币的一方称贷款人,受领货币的一方称借款人。贷款人的义务是按照约定的数额、方式、期限等向借款人发放贷款,借款人的义务是按照约定的数额、方式、期限等向贷款人还款。

借款合同的特征主要有:

1. 合同的标的物是金钱。借款合同的标的物是一种作为特殊种类物的金钱,因此,原则上发生履行迟延,不发生履行不能。

2. 借款合同是转让货币所有权的合同。当贷款人将借款即货币交给借款人后,货币的所有权移转给了借款人,借款人可以处分所得的货币。这是借款合同的目的决定的,也是货币这种特殊种类物作为其标的物的必然结果。

3. 借款合同可以是有偿合同,也可以是无偿合同。

4. 借款合同中,除自然人之间的借款合同为实践性合同外,其余皆为诺成性合同(指当事人意思表示一致即可成立的合同)。

5. 借款合同一般为要式合同,应当采用书面形式。自然人之间的借款合同的形式可以由当事人约定。

借款合同又可以分为商业银行为贷款人的商业借贷合同以及自然人与自然人之间的民间借贷合同。本案中的借贷合同就是属于商业借贷合同。

对于借款合同主要是由《中华人民共和国合同法》进行调整。在本案的处理过程中,我们是要根据《合同法》法判定信用社与常松签订的两份《借款协议》是否有效。本案中,两份《借款协议》符合《合同法》第197条的规定。而且,本案中信用社是合法的商业银行,进行放贷是其业务范围,根据案情的介绍来看常松以及其他借款人也是属于完全民事行为能力人,即独立从事各种民事活动。而且,在合同签订中双方当事人真实意思表示,并不存在《合同法》第47、48、51、54、59条规定的合同效力代定,可变更、撤销的情况。且本案中《借款协议》约定的贷款利息并不违反国家相关规定,因此,应当认定为《借款协议》有效。

由于借款人常松未按照约定期限还款,信用社有权向法院起诉要求常松还款,《合同法》第60条规定:当事人应当按照约定全面履行自己的义务。因此借款期限届满后,常松应当向信用社归还欠款本金以及利息是常松的义务。但是,常松未按照约定向信用社还款,且信用社也多次向常松催讨,但常松只归还了1998年8月25日的部分借款3 500元和1999年8月21日的部分借款1 590元及利息,尚欠借款本金27 910元及利息未还。这在法律上来说是不完全履行自己的义务。对于尚欠借款本金27 910元及利息,根据《合同法》第107条的规定:当事人一方不履行合同义务或者履行合同义务不符合约定的,应当承担继续履行、采取补救措施或者赔偿损失等违约责任。此时信用社依然有权向法院起诉要求常松归还。

按照《合同法》第84条规定:债务人将合同的义务全部或者部分转移给第三人的,应当经债权人同意。在本案件中第二份《借款协议》虽然不是常松与信用社签订的,但是,该借款实际上是由常松使用,而且常松于2004年3月17日在信用社的要求下立下保证书,承诺由其本人于2005年11月20日还清以本村村民借到的4笔款项。实际上是债务的转让,即在信用社的要求下由该4笔借款的真实借款人常松承担4笔借款的还款义务,而不是由签订《借款协议》的其他4人,这在法律上是允许的。

综上所述,本案中法院认为:原告与被告常松之间的借款行为系双方当事人真实意思表示,应认定有效。对于被告常松以其本村村民的名义借到的款项,因被告是实际对借款的控制使用人,并承诺由被告本人归还该4笔借款,根据当事人意思自治原则,应认定被告常松为实际借款人,被告逾期未归还借款本息,构成违约,应承担民事责任是有法律根据的,因此法院的判决是合法的。

【法律依据】

《合同法》第60条规定:"当事人应当按照约定全面履行自己的义务。

当事人应当遵循诚实信用原则,根据合同的性质、目的和交易习惯履行通知、协助、保密等义务。"

《合同法》第84条规定"债务人将合同的义务全部或者部分转移给第三人的,应当经债权人同意。"

《合同法》第107条规定:"当事人一方不履行合同义务或者履行合同义务不符合约定的,应当承担继续履行、采取补救措施或者赔偿损失等违约责任。"

《合同法》第 196 条规定:"借款合同是借款人向贷款人借款,到期返还借款并支付利息的合同。"

《合同法》第 197 条规定:"借款合同采用书面形式,但自然人之间借款另有约定的除外。

借款合同的内容包括借款种类、币种、用途、数额、利率、期限和还款方式等条款。"

《合同法》第 201 条规定:"贷款人未按照约定的日期、数额提供借款,造成借款人损失的,应当赔偿损失。

借款人未按照约定的日期、数额收取借款的,应当按照约定的日期、数额支付利息。"

《合同法》第 204 条规定:"办理贷款业务的金融机构贷款的利率,应当按照中国人民银行规定的贷款利率的上下限确定。"

欠条未约还款期　时效还看宽展期
——没有还款期限的欠条应该从何时起算诉讼时效

【案情回放】

2003 年 6 月 20 日,许小东购买某乡合作社货物一宗,给某乡合作社出具了一张欠条,没有注明还款日期。某乡合作社因种种原因,一直未向许小东催要欠款。2006 年 7 月 15 日,某乡合作社向许小东催要货款,许小东未能偿还。

2006年8月2日，某乡合作社诉至法院，要求偿还欠款及利息。许小东辩称，该欠款欠条形成时间是2003年6月20日，到原告起诉之时已经超过两年诉讼时效；即使未过诉讼时效，由于欠条没有约定利息，也不应该承担利息。

【审理结果】

法院在审理中就诉讼时效的起算时间问题进行了认真研究后认为，本案诉讼时效起算时间应为某乡合作社向许小东催要欠款之日的一个月的宽展期后起算，也就是本案诉讼时效起算时间应为某乡合作社向许小东催要欠款之日后的一个月，即2006年8月15日。理由是本案为不定期债权，债权自债权人主张债权，宽展期结束之时成立。此时，债权才受到损害，诉讼时效时间也才应该起算。

最终法院支持了某乡合作社的诉讼请求。

【法理评说】

我们在使用无期债权这一概念时，一般指没有还款期限的欠条或者其他形式表现的欠款。这种债权一般是依据合同履行所形成的结果。不外乎两种情况：一是一方履行了义务，而另一方接受履行后未能按照合同约定还款而出具欠条；二是双方没有约定履行还款期限，在一方履行终了后，另一方出具欠条，此时的情况与合同上未约定履行期限的债权具有相同的性质。

对于前一种情况，根据最高人民法院的批复规定，双方当事人原约定，供方交货后，需方立即付款。需方收货后因无款可付，经供方同意写了没有还款日期的欠款条。根据《中华人民共和国民法通则》第140条的规定，对此应认定诉讼时效中断。如果供方在诉讼时效中断后一直未主张权利，诉讼时效期间则应从供方收到需方所写欠款条之日的第二天开始重新计算。可见，最高人民法院的司法解释，是将该种情况作为诉讼时效中断的一种情形，此种欠条虽然没有约定还款期限，但是从欠条形成之日再一次起算诉讼时效。如果仅仅针对该张欠条而言，似乎将其理解为欠条的诉讼时效期间从欠条成立之日起算也无不可。

对后一种情况，双方从没有约定过还款期限，实际上属于合同中未约定履行期限的情况，对于这种情况根据我国民法通则的规定，无期(合同)债权的债权成立需要先向债务人请求，等到宽展期之后才能成立，此时才能行使真正意义上的请求权，也就是说，只有在宽展期到期后，债务人仍然不履行债务，才发生侵害债权的情况。由此看来，民法通则所规定的无约定期限的合同之债的诉讼时效的起算时间，需要符合两个要件：一是债权人行使请求权；一个是宽展期到期。

本案中，双方当事人没有就付款期限达成过任何协议，因此，本案实际上属于合同中未约定履行期限的情况，应该在债权人要求债务人履行义务，并给对方必要的准备时间才能起算诉讼时效。不过，关于合同中是否约定了履行期限或者有法定的履行期限，还应该考虑行业的惯例，比如欠饭店的餐饮费，一般情况下，餐饮费应该即时结清，在长期客户的情况下，一般也是在年底结清，在计算诉讼时效起算时间时应该予以考虑。

【法律依据】

《民法通则》第 88 条规定："合同的当事人应当按照合

同的约定,全部履行自己的义务。合同中有关质量、期限、地点或者价款约定不明确,按照合同有关条款内容不能确定,当事人又不能通过协商达成协议的,适用下列规定:(一)质量要求不明确的,按照国家质量标准履行,没有国家质量标准的,按照通常标准履行。(二)履行期限不明确的,债务人可以随时向债权人履行义务,债权人也可以随时要求债务人履行义务,但应当给对方必要的准备时间。(三)履行地点不明确,给付货币的,在接受给付一方的所在地履行,其他标的在履行义务一方的所在地履行。(四)价格约定不明确,按照国家规定的价格履行;没有国家规定价格的,参照市场价格或者同类物品的价格或者同类劳务的报酬标准履行。合同对专利申请权没有约定的,完成发明创造的当事人享有申请权。合同对科技成果的使用权没有约定的,当事人都有使用的权利。"

《民法通则》第137条规定:"诉讼时效期间从知道或者应当知道权利被侵害时起计算。但是,从权利被侵害之日起超过二十年的,人民法院不予保护。有特殊情况的,人民法院可以延长诉讼时效期间。"

《民法通则》第140条规定:"诉讼时效因提起诉讼、当事人一方提出要求或者同意履行义务而中断。从中断时起,诉讼时效期间重新计算。"

最高人民法院《关于债务人在约定的期限届满后未履行债务而出具没有还款日期的欠款条诉讼时效期间应从何时开始计算问题的批复》

山东省高级人民法院:

你院鲁高法〔1992〕70号请示收悉。关于债务人在约定的期限届满后未履行债务,而出具没有还款日期的欠款条,

诉讼时效期间应从何时开始计算的问题,经研究,答复如下:

据你院报告称,双方当事人原约定,供方交货后,需方立即付款。需方收货后因无款可付,经供方同意写了没有还款日期的欠款条,根据《中华人民共和国民法通则》第一百四十条的规定,对此应认定诉讼时效中断。如果供方在诉讼时效中断后一直未主张权利,诉讼时效期间则应从供方收到需方所写欠款条之日的第二天开始重新计算。

此复

1994年3月26日

《合同法》第62条规定:"当事人就有关合同内容约定不明确,依照本法第六十一条的规定仍不能确定的,适用下列规定:(一)质量要求不明确的,按照国家标准、行业标准履行;没有国家标准、行业标准的,按照通常标准或者符合合同目的的特定标准履行。(二)价款或者报酬不明确的,按照订立合同时履行地的市场价格履行;依法应当执行政府定价或者政府指导价的,按照规定履行。(三)履行地点不明确,给付货币的,在接受货币一方所在地履行;交付不动产的,在不动产所在地履行;其他标的,在履行义务一方所在地履行。(四)履行期限不明确的,债务人可以随时履行,债权人也可以随时要求履行,但应当给对方必要的准备时间。(五)履行方式不明确的,按照有利于实现合同目的的方式履行。(六)履行费用的负担不明确的,由履行义务一方负担。"

儿子欠债还不起 母亲承诺须担责
——农民借款合同纠纷案例

【案情回放】

原告张涛与李健是朋友关系。2000年1月,李健因生意资金周转困难向张涛借款人民币2万元,并出具借条一张。后李健因债务缠身,于2001年年底出走下落不明。李健出走后,张涛经常到李健家催讨借款。2003年2月6日李健的母亲王玉桂向张涛出具还款计划书一份,称"借款2万元(不含利息)在两年内还清",并在还款计划书下方的还款人处签下自己的名字。还款计划到期后,王玉桂未归还借款。2005年3月,张涛诉至法院,请求王玉桂归还借款2万元。

【审理结果】

法院在审理中认为,此案关键的问题是王玉桂出具还款计划后,张涛、李健、王玉桂三者之间形成何种法律关系?王玉桂应承担何种民事责任?

王玉桂出具还款计划后,在张涛、李健、王玉桂三者之间形成了并存的债务承担法律关系,旧债务人李健不脱离原借款关系,新债务人王玉桂加入到张涛与李健之间的借款关系中,王玉桂与原债务人李健一并承担偿还债权人张涛借款的义务。张涛有权请求李健、王玉桂任何一人还款,也有权请求二人共同还款。

最终法院支持了张涛的诉讼请求。

【法理评说】

并存的债务承担,又称债务加入,是指原债务人并没有脱离原债务的关系,而第三人又加入到原存的债务关系中来,并与原债务人共同向同一债权人承担债务。由于第三人的加入,债务人增加,成为多数债务人的债。总的原则,第三人加入后,与债务人之间成立连带关系,对同一债务负连带责任。债权人可以请求债务人履行义务,也可以径直向第三人请求履行义务。

并存的债务承担具有两种形式：第一种是第三人与原债务人按份承担债务；第二种是第三人与原债务人承担连带债务。

债务转移是指由第三人取代原债务人的地位,成为合同中新的债务人而向债权人履行债务,原债务人则脱离债务的关系。并存的债务承担,亦称债务的加入或共同的债务承担,是指第三人加入到债务的关系中,与原债务人一起承担向债权人履行债务的义务。虽然二者属于广义的债的转移,但是二者存在着明显的区别。首先,在债务转移的情况下,债务人和债权人将与第三人达成转让债务的协议,且该协议必须取得债权人的同意,否则债务转移不生效。而并存的债务承担是第三人单方表示代替债务人清偿债务,并没有和债权人或债务人达成转让债务的协议。其次,在债务转移的情况下,债务人已经与债权人形成的债权债务关系将发生消灭,债务人将退出该债务关系,第三人成为债的关系的当事人。而并存的债务承担第三人仅是履行主体而不是债的主体,债务人并不退出债的关系。在本案的讨论中,也有人认为张涛与李健及王玉桂之间形成了债务转移的意思表示,李健的债务已经转移至母亲王玉桂处,李健的债务已被免除,张涛只能向新债务人王玉桂主张还款义务。这种观点虽然支持了张涛的诉讼请求,但是混淆了债务转移与并存的债务承担法律关系,李健并没有将债务转移至母亲王玉桂处的意思表示,李健也并未退出原借款关系中,王玉桂是自愿代替儿子履行债务的,因此认为三者之间形成债务转移的认识是不正确的。

按份承担的债务并存,其实就被转移的债务部分与免责的债务承担是相同的。第三人的参与需要得到债权人的同意,而且债务人对于已转移的债务可以免责。对于连带的债务而言,则与免责的债务承担有较大的不同,在这种情况下只需要第三人意思表示,无论是对债务人或是债权人,第三人即已经加入债务的关系,债务人不能因第三人的加入而对债务免责。

并存的债务承担,特别是第三人承担连带债务而言,第三人加入债的关系主要是起一个担保作用。但是,这与保证又存在区别。保证可以分为一般保证和连带保证,对于一般保证而言,保证人就有先诉抗辩权。只有当主债务人不能履行债务时,债权人方能要求保证人承担保证责任。因此与第三人承担连带债务的情况是不同的。而对于连带责任的保证,保证人没有先诉抗辩权,因此债权人可以径直要求保证人履行债务。因此对于连带责任的保证和第三人承担连带债务这两个概念并没有本质上的不同。在司法实务中,经常会遇到承诺或计划书表述不明确的情形,这要具体问题具体分析,分析其具备何种法律特征。如果出具的是还款保证书,则是保证担保关系;如果出具的是三方协议书,或者债务人与第三人双方的协议书,协议书中有债务转让的意思表示,债权人也表示同意,则会构成债务转移的法律关系;如果仅是第三人单方的代替债务人履行债务的意思表示,没有债务转让的表述,也没有担保的意思表示,则会构成并存的债务承担。本案中王玉桂出具还款计划时并未明确儿子李健退出债务关系,张涛也没有明示要免除李健的债务,双方之间无转移债务的意思表示,且张涛接受王玉桂还款计划的行为,表明其同意王玉桂加入到原债务的关系之中,因此王玉桂出具还款计划后,在张涛、李健、王玉桂之间形成了并存的债务承担法律关系,王玉桂应当按照自己的承诺归还张涛的借款。

根据合同自由原则和保护债权人利益出发,第三人代替债务人履行债务,只要不违反法律规定,不给债权人造成损失或增加负担,这种履行在法律上应当是有效的,它符合债权人的意志和利益,法律应当承认其效力。

【法律依据】

《合同法》第84条规定:"债务人将合同的义务全部或者部分转移给第三人的,应当经债权人同意。"

《合同法》第85条规定:"债务人转移义务的,新债务人可以主张原债务人对债权人的抗辩。"

《担保法》第16条规定:"保证的方式有:(一)一般保证;(二)连带责任保证。"

《担保法》第17条规定:"当事人在保证合同中约定,债务人不能履行债务时,由保证人承担保证责任的,为一般保证。一般保证的保证人在主合同纠纷未经审判或者仲裁,并就债务人财产依法强制执行仍不能履行债务前,对债权人可以拒绝承担保证责任。有下列情形之一的,保证人不得行使前款规定的权利:(一)债务人住所变更,致使债权人要求其履行债务发生重大困难的;(二)人民法院受理债务人破产案件,终止执行程序的;(三)保证人以书面形式放弃前款规定的权利的。"

《担保法》第18条规定:"当事人在保证合同中约定保证人与债务人对债务承担连带责任的,为连带责任保证。连带责任保证的债务人在主合同规定的债务履行期届满没有履行债务的,债权人可以要求债务人履行债务,也可以要求保证人在其保证范围内承担保证责任。"

《担保法》第19条规定:"当事人对保证方式没有约定或者约定不明确的,按照连带责任保证承担保证责任。"

五

投资与保险

财产保险有争议　法院判决显水平

【案情回放】

原告某地农民曾飞于 2004 年 10 月 26 日向被告中国人民财产保险股份有限公司某市分公司投保机动车辆保险,被告当日签发了投保红岩大货车的机动车辆保险单,保险期限自 2004 年 11 月 27 日零时至 2005 年 11 月 26 日二十四时。承保险种包括车身险、第三者责任险、乘客责任险、司机责任险、无过错险、不计免赔率险等。该保险单所附的机动车辆保险条款(1999 版)第 6.2 条规定:被保险人及其驾驶员应做好保险车辆的维护、保养工作,保险车辆装载必须符合规定,使其保持安全行驶技术状态。第 6.7 条规定被保险人不履行本条款 6.1~6.6 条款规定的义务,保险人有权拒绝赔偿或自书面通知之日起解除保险合同,已赔付的,保险人有权追回已付保险赔款。合同签订后,原告交纳了保险费人民币 2 381.88 元。

2005 年 1 月 5 日原告雇请的司机张平驾驶该红岩大货车在某路段发生交通事故,导致行人李明天死亡。经当地公安交通管理局交通警察支队作出交通事故责任认定书,认定司机张平驾驶制动不合格的车辆超速行驶,李明天横穿车行道时没有注意避让来往的机动车,违反交通法规,应负同等的责任。

2005年4月20日,原告司机张平与死者李明天的家属达成交通事故损害赔偿调解书:事故的总损失为116 560(包括丧葬费、死亡补偿金、被扶养人生活费、交通费、误工费、验车费等),车方已付5 480元,由张平一次性赔偿死者家属人民币6万元。原告按调解书约定支付了上述款项。

原告于2005年5月向被告索赔。2005年6月25日,被告向原告发出拒赔通知书,理由是:根据机动车辆保险条款被保险人义务和其他事宜第6.2条、第6.7条和保险法第三十六条的规定,被保险人及驾驶员应当做好保险车辆的维护保养,使其保持安全行驶状态。原告的车辆制动系统不合格,原告发生的损失不属于保险责任赔偿范围。

另查:原告的车辆为营运车辆,在2004年12月18日经过了二级维护,检验合格出厂。

【审理结果】

初审人民法院认为,本案是保险合同纠纷,原告与被告的保险合同关系依法成立,当事人应严格依照履行。本案争议的焦点为,被告以原告驾驶制动不良的车辆上路发生事故,违反保险条款及保险法规定的被保险人义务,予以拒赔,被告的拒赔理由是否成立。

保险条款被保险人义务和其他事项的第6.2条,是对被保险人所作的一般注意义务的规定,即被保险人应按机动车辆维护、保养的技术规范;进行例行检查、保养,及时发现安全隐患进行维护,不得放任事故隐患的存在。

根据交通管理部门的责任认定,事故发生的原因是原告司机驾驶制动不合格的车辆超速行驶。虽然交通管理部门认定原告的车辆制动不合格,但不能以交通部门认定制动不合格的结果,认定原告没有履行对车辆做好维护、保养工作。从原告提交的证据可以证明,原告的车辆经交通部门年审合格,在事故发生前按营运车辆定期维护规定,对车辆进行了二级维护,已尽了一般的注意义务。被告的拒赔理由不成立,被告应依照合同的约定,赔偿原告保险金。本次事故中,造成了实际损失116 560元,有交通管理部门的调解书为证。原告司机与死者家属达成调解,赔偿死者家属6万元,可认定原告的实际损失。交通管理部门核定的损失116 560元,除丧葬费超出规定的4 000元的标准,其他均符合《道路交通事故处理办法》规定的标准。本院认定事故的损失为116 180元,原告在本次事故中承担50%的责任,再扣除5%的免赔,被告应赔偿原告损失55 185.5元。

据此,依据《中华人民共和国民事诉讼法》第128条、《中华人民共和国保险法》第24条之规定,判决如下:

被告应在本判决生效后十日内赔偿原告保险金人民币55 185.5元。

一审判决后,被告不服一审法院判决,向中级人民法院提出上诉。被告上诉称,本案原审法院所确认无争议的事实是,本案保险事故发生是由于张平驾驶制动系统不合格的车辆上路行驶,也即通常所说的刹车不灵所致。但原审法院却忽视了一个简单的事实:车辆的制动系统失控就表明该车辆没有保持安全行驶技术状态。依照保险条款第6.2条的规定,被保险人及其驾驶员有义务使车辆保持安全行驶技术状态,若违反该项义务,则依据第6.7条的规定,保险公司有权拒赔。依照上述第6.2条的规定,曾飞所应尽的义务绝不仅仅是如原审法院所认为的那样,只是一般的注意义务,对于车辆是否处于安全行驶技术状态,不论是从公共安全角度考虑,还是从合同义务角度考虑,曾飞都应保持持续的关注义务。制动系统工作是否正常是衡量车辆是否处于安全行驶技术状态的一个十分重要的因素。虽然,制动系统是一个复杂的机械系统,导致制动系统失灵的原因是多种多样的,但不论何种原因,制动系统失控是驾驶员可以直接感知的状态,继续驾驶就是违反了合同义务。依据保险条款的约定,上诉人有权拒赔。基于上述理由,请求依法改判,驳回被上诉人的诉讼请求,由被上诉人承担两审诉讼费。

被上诉人辩称,原审法院判决认定事实清楚,适用法律正确。上诉人的上诉理由不成立,请求驳回上诉,维持原判。

二审中级人民法院经过审理,判决如下:驳回上诉,维持原判。

【法理评说】

被保险人及其驾驶员应当做好保险车辆的维护、保养工作,该规定是对被保险人一般注意义务的规定。因为机动车辆驾驶是高风险行业,为保证人民生命及财产安全,被保险人及驾驶人员应当做好车辆的维护、保养工作,以避免或减少事故的发生。交通事故是客观存在的风险,不因人的主观意愿可以完全避免,也正因为风险的客观存在,才有必要建立风险转移机制,即实施机动车辆强制保险以转移事故所造成的损失。《中华人民共和国道路交通安全法》第21条规定,驾驶人驾驶机动车上道路行驶前,应当对机动车的安全技术性能进行认真检查;不得驾驶安全设施不全或者机件不符合技术标准等具有安全隐患的机动车。《汽车运输业车辆技术管理规定》规定,车辆维护贯彻预防为主,强制维护的原则,及时发现和清除故障隐患。车辆维护包括日常维护、一级维护、二级维护,车辆维护必须遵守交通运输管理部门规定的行驶里程或间隔时间,按期强制执行。车辆维护后,领取合格证。驾驶人员遵守上述规定,客观上可以有效地减少事故的发生,保障人民生命及财产安全。

那么怎么来判断驾驶员是否履行了合理的注意义务,对车辆履行了维护、保养的义务呢?审查当事人是否履行注意义务,首先应从国家关于车辆维护的强制性规定来审查,即车辆是否经审验合格,领取了行驶证;是否按规定进行年审,专业检测机构通过年审,对车辆进行检测,及时消除隐患;是否进行定期维护,及时发现故障,消除事故隐患。这种审查,可以认为是一种静态的审查,在案件审理过程中,可以通过当事人提供的各项证据如行驶证、审验合格证、维护证等进行审查。虽然车方履行了上述义务,也并不能保证车辆就可以绝对安全,车辆始终在行驶的状态,车辆的技术状态总在不断地发生变化中,在使用过程中车辆随时可能出现新的故障,如机件的磨损、脱落,导致性能损坏,从而影响驾驶安全。

对驾驶人员注意义务的审查,应按驾驶员一般维护知识的要求进行。具有丰富驾驶经验的驾驶员,可能会及时发现车辆制动不良,防患于未然,但绝大部分驾驶员并不具有专业知识或丰富驾驶经验。不能以交通事故责任书认定制动不良,就认为驾驶员在主观上存在疏忽大意,放任事故隐患的存在,毕竟驾驶员本人就处在危险之中,谁又会对自身的生命安全置之不理呢?因此,对于因制动不良发生的交通事故,一般情况下,只要被保险人提供了车辆审验合格证、二级护理合格证等证据,就可以认定被保险人履行了维护、保养的义务。但也有例外的情况,在保险公司能够提供证据证明被保险人在事故发生前已经知道车辆存在不安全因素，而被保险人或驾驶员疏忽大意或过于自信，继续驾驶车辆而导致事故发生，保险公司有权拒赔。比如，驾驶员指证车辆所有人或管理人拒不履行车辆的检验、维护；在发现制动不良的隐患后，车辆所有人或管理人拒绝维修；保险事故发生前已经出现了因制动不良引发事故，而驾驶人员继续驾驶而引发事故等。

【法律依据】

中华人民共和国保险法（以下简称《保险法》） 本法由中华人民共和国第八届全国人民代表大会常务委员会第十四次会议于1995年6月30日通过，另根据2002年10月28日第九届全国人民代表大会常务委员会第三十次会议《关于修改〈中华人民共和国保险法〉的决定》修正。在中华人民共和国境内从事保险活动，适用本法。

《保险法》第24条规定："保险人收到被保险人或者受益人的赔偿或者给付保险金的请求后，应当及时作出核定，并将核定结果通知被保险人或者受益人；对属于保险责任的，在与被保险人或者受益人达成有关赔偿或者给付保险金额的协议后十日内，履行赔偿或者给付保险金义务。保险合同对保险金额及赔偿或者给付期限有约定的，保险人应当依照保险合同的约定，履行赔偿或者给付保险金义务。

保险人未及时履行前款规定义务的，除支付保险金外，应当赔偿被保险人或者受益人因此受到的损失。"

《保险法》第36条规定："被保险人应当遵守国家有关消防、安全、生产操作、劳动保护等方面的规定，维护保险标的的安全。

根据合同的约定，保险人可以对保险标的的安全状况进行检查，及时向投保人、被保险人提出消除不安全因素和隐患的书面建议。

投保人、被保险人未按照约定履行其对保险标的安全应尽的责任的，保险人有权要求增加保险费或者解除合同。

保险人为维护保险标的的安全，经被保险人同意，可以采取安全预防措施。"

中华人民共和国道路交通安全法（以下简称《交通安全法》）　本法由第十届全国人民代表大会常务委员会第五次会议于2003年10月28日通过，根据2007年12月29日第十届全国人民代表大会常务委员会第三十一次会议《关于修改〈中华人民共和国道路交通安全法〉的决定》修正。中华人民共和国境内的车辆驾驶人、行人、乘车人以及与道路交通活动有关的单位和个人，都应当遵守本法。

《交通安全法》第21条规定："驾驶人驾驶机动车上道路行驶前，应当对机动车的安全技术性能进行认真检查；不得驾驶安全设施不全或者机件不符合技术标准等具有安全隐患的机动车。"

股票被盗窃　法院催公告

【案情回放】

1988年5月，农民李长庆从某证券公司购得某股份有限公司发行的A股股票60股，每股票面价值人民币100元，号码从9115至9174。1991年9月，李长庆陪妻外出看病时，家中被盗，上述股票全部被盗。李长庆发现家中被盗后，即向公安机关报案，并向证券交易所挂失。事后，公安机关破获此案，但上述股票已被罪犯销毁。而此时正值股市交易由有票交易改为无票交易，要求股票持有人持有的股票输入电脑。因李长庆原持有的股票因被盗销毁灭失，证券公司不给其办理股票输入电脑手续。1993年2月，李长庆向某股份有限公司领取了股东灭失股票补发申请书，并在公证处办理了股票灭失声明书。1993年6月，李长庆向人民法院申请股票被盗灭失公示催告。

【审理结果】

人民法院依据《中华人民共和国民事诉讼法》第193条的原则规定，决定受理了李长庆的申请。同时，经向证券交易所登记部查验，李长庆名下确有上述号码、数额的A股股票。1993年6月12日，人民法院发出公告，催促利害关系人在60日内申报权利。该公告并刊登在6月15日的《上海证券报》上。

公示催告期间,无人申报权利。**催告期间届满后,李长庆于8月18日向某区人民法院申请除权判决。**依照《中华人民共和国民事诉讼法》第197条之规定,某区人民法院于1993年9月22日判决如下:

1.宣告申请人李长庆灭失的号码为9115至9174的某股份有限公司60股A股股票失效;

2.自本判决公告之日起,申请人李长庆有权向该股票发行人某股份有限公司申请补发。

【法理评说】

根据民事诉讼法的规定,公示催告是公告依据有关规定某个可以背书转让的票据被盗、遗失或者灭失或者有法律规定的其他事项,催促利害关系人来申报权利。目的是解决该票据的权利归属问题,保护票据正常流通的程序。

目前根据我国《公司法》第150条规定,记名股票在被盗、遗失或灭失的情况下,股东可以依照民事诉讼法中的公示催告程序,请求人民法院宣告所失股票无效,在人民法院宣告该股票无效后,股东可以向公司申请补发股票。

本件公示催告案所涉及的股票,属于《中华人民共和国民事诉讼法》第195条所指可以申请公示催告的"票据"范围,其具体属于"依据法律规定可以申请公示催告的其他事项"。

但就当时而言,本案审结时,并无股票灭失可以申请公示催告程序的明文法律规定。但从保护投资者合法权益,促进我国股市的健康发展出发,有必要依据法理,在实践中先行办理股票的公示催告案件,为立法取得成功的实践经验。

某区人民法院的这次实践,在1993年7月1日开始施行的《中华人民共和国公司法》得到肯定。该法第150条规定:"记名股票被盗、遗失或者灭失,股东可以依照《中华人民共和国民事诉讼法》规定的公示催告程序,请求人民法院宣告该股票失效。依照公示催告程序,人民法院宣告该股票失效后,股东可以向公司申请补发股票。"而后在2006年1月1日开始执行的新《中华人民共和国公司法》也再次得到肯定。某区人民法院这种根据客观需要,依据法的基本原理,大胆实践的做法,是符合法制原则的。

【法律依据】

《民事诉讼法》第195条规定:"按照规定可以背书转让的票据持有人,因票据被盗、遗失或者灭失,可以向票据支付地的基层人民法院申请公示催告。依照法律规定可以申请公示催告的其他事项,适用本章规定。

申请人应当向人民法院递交申请书,写明票面金额、发票人、持票人、背书人等票据主要内容和申请的理由、事实。"

《民事诉讼法》第196条规定:"人民法院决定受理申请,应当同时通知支付人停止支付,并在三日内发出公告,催促利害关系人申报权利。公示催告的期间,由人民法院根据情况决定,但不得少于六十日。"

《民事诉讼法》第197条规定:"支付人收到人民法院停止支付的通知,应当停止支付,至公示催告程序终结。

公示催告期间,转让票据权利的行为无效。"

《民事诉讼法》第198条规定:"利害关系人应当在公示催告期间向人民法院申报。

人民法院收到利害关系人的申报后,应当裁定终结公示催告程序,并通知申请人和支付人。

申请人或者申报人可以向人民法院起诉。"

《民事诉讼法》第199条规定:"没有人申报的,人民法院应当根据申请人的申请,作出判决,宣告票据无效。判决应当公告,并通知支付人。自判决公告之日起,申请人有权向支付人请求支付。"

《民事诉讼法》第200条规定:"利害关系人因正当理由不能在判决前向人民法院申报的,自知道或者应当知道判决公告之日起一年内,可以向作出判决的人民法院起诉。"

中华人民共和国公司法(以下简称《公司法》) 本法已由第十届全国人民代表大会常务委员会第十一次会议于2005年10月27日通过,自2006年1月1日起施行。本法所称公司是指依照本法在中国境内设立的有限责任公司和股份有限公司。

《公司法》第144条规定:"记名股票被盗、遗失或者灭失,股东可以依照《中华人民共和国民事诉讼法》规定的公示催告程序,请求人民法院宣告该股票失效。人民法院宣告该股票失效后,股东可以向公司申请补发股票。"

红字委托致亏损　证券公司也有责

【案情回放】

王大磊系农村进城经商人员。由于经营得当,很快有了一笔存款,于是将该笔存款投到股市进行炒股。1998年12月3日14时左右,王大磊委托郑洋持王大磊股票磁卡、资金存折至证券公司,委托证券公司买进"真空电子"股票。郑洋在委托书的"股数或面额"栏中填写"110000","委托人签章"一栏中填写"王大磊",限价13元。当时王大磊的资金存折上存款余额为156 702元。证券公司接到委托单后,未审核磁卡、资金存折、身份证等"三证",立即申报并成交,买进"真空电子"股票11万股,成交价在每股12.7至12.8元,包括其他费用应付人民币1 417 708.7元,扣除王大磊的存款余额,证券公司共垫付资金1 261 006.7元。事后,郑洋发现自己将1.1万股误写为11万股,要求撤销交易。但因已成交而无法撤销。当天晚上,郑洋在证券公司写下条子:"由于本人失误,多购真空电子股票9.9万股,导致资金不足,希深圳特区证券公司大力协助解决,损失由本人负责。股民王大磊。"同时,证券公司还与郑洋约定,证券公司提供专线,要求郑洋在次日内全部卖出多购的股票。当天晚上,郑洋对王大磊讲了上述情况。第二天,郑洋仍到证券公司卖出2万股,每股12.48元,实际得款247 583.24元。而在同一天,王大磊到另一证券公司卖出"真空电子"1万股,每股13.1元,实际得款129 942元。由于王大磊将其余"真空电子"股票均在另一证券公司报盘卖出,使得证券公司无法再报盘,证券公司遂向公安机关报案。这时郑洋才向证券公司讲出其真实姓名。证券公司即要求郑洋打电话通知王大磊前来。随后,证券公司工作人员、郑洋、派出所公安人员同去上海证券交易所。上海证券交易所决定将已卖出的3万股的股票款、未成交的8万股"真空电子"股票均划至证券公司账下。回到证券公司,王大磊也已到达。王大磊同证券公司协商,同意由证券公司处理该批股票。12月10日,证券公司以每股9.09元卖出其余8万股"真空电子"股票,实际得款721 302.4元。综上,买进11万股"真空电子"股票共计付出资金1 417 708.7元,扣除王大磊原有资金156 702元,证券公司共垫付资金1 261 006.7元。以后卖出这11万股"真空电子"股票共计得款1 098 827.64元,证券公司还有162 179.06元尚未收回。

原告遂向某区人民法院起诉,诉称:其委托郑洋持原告的磁卡、资金账户卡到证券公司购买1.1万股"真空电子"票,由于郑洋在填写委托时疏忽,将购买股数误填为11万股,从而造成"红字委托"。证券公司以低价抛售,造成经济损失近32万元,原告直接损失15万余元。现要求被告证券公司赔偿原告直接损失,并赔偿利息损失。

被告证券公司答辩并反诉称:王大磊在资金不足的情况下,盲目填写委托股数,导致多购入股票,又私自抛卖,涉嫌套逃公款,侵犯了本部的合法权益,致其蒙受巨大损失。为此,反诉要求王大磊赔偿损失16.5万余元。后在审理中表示愿承担其中6万元的损失。

被告郑洋辩称:证券公司不应接受信用委托,也未查验

"三证",应承担主要责任。

【审理结果】

人民法院经审理后认为:在证券交易中,客户与证券商之间是委托代理关系。客户委托买卖证券,必须保证持有足够的资金或证券,证券商必须忠实地在客户的授权范围内买卖证券。郑洋委托买进股票的数额,超过了资金额度,造成"红字委托",是造成本案纠纷的主要原因,郑洋应承担主要责任。证券公司按照郑洋所填写的委托书的要求全面履行了义务,但没有查验"三证",对造成本案纠纷也有一定的过错,应承担相应的责任。本案的"红字委托"是由于郑洋疏忽大意造成的,双方无融资的故意,故本案不存在信用委托之事。在发生"红字委托"后,王大磊在其他证券公司抛售"真空电子"股票,显然有抽逃资金的嫌疑,故证券公司根据双方达成的口头协议,卖出尚余8万股"真空电子"股票的行为,并无不当。至于卖出时恰好处于当时最低价位,这是人们的意志不能左右的股市风险,其后果应由王大磊承担。因郑洋是受王大磊的委托买进股票,发生"红字委托"后,郑洋向王大磊汇报了有关情况,王大磊也着手处理,故应认定王大磊不仅委托郑洋买进股票,而且追认了郑洋的超越代理权的行为,故郑洋在本案中的一切行为,均由王大磊承担民事责任。至于证券公司表示自愿承担一部分损失,因与其应承担的责任相符,应予准许。依照《中华人民共和国民事诉讼法》第126条、《中华人民共和国民法通则》第63条第2款、第66条第1款、第106条第2款的规定,判决如下:

1.原告王大磊应返还被告深圳经济特区证券公司上海业务部垫款1 261 006.7元,扣除卖出"真空电子"股票11万股得款 1 098 827.64 元、证券公司自愿承担的 6 万元，王大磊应在本判决生效之日起 10 日内给付证券公司人民币 102 179.06 元；

2.对原告王大磊的本诉请求不予支持。

【法理评说】

郑洋在委托单上填写委托股数是 11 万股，证券公司按照委托人填写的委托单向交易场内申报，本身没有过错，其未按上海证券交易所的规定查验三证，只是造成纠纷产生的原因之一，因此，本案的主要责任应由王大磊承担。

客户与证券商在证券交易中是委托代理关系，客户一旦填写委托单交证券商买卖证券，他们之间就产生一种契约，形成了一定的权利义务关系，证券商必须忠实地按委托人的要求买卖证券，客户则必须持有足够的资金或证券，交纳一定费用。如果客户填写委托单的数额超出其资金总额，证券商有权拒绝接受委托；如果证券商疏忽接受了委托，那么证券商有义务用自己的资金为客户垫付，然后证券商有权再向客户悉数追回全部垫款。本案纠纷，实际上是证券公司因工作上的疏忽，没查验资金，便将客户填写的"红字委托"单向交易场内申报而引起的，主要责任应在填写委托有误的郑洋身上，证券公司没查验资金只是"红字委托"成为事实的一个条件。"红字委托"事实产生后，按证券交易规则，证券公司履行了自己的义务，将自己的保证金为王大磊作了垫付，并且同郑洋商定：在第二天将多购入的股票悉数卖出。然而郑洋未按双方协定行事，第二天只在证券公司卖出 2 万股；王大磊在其他证券公司卖出 1 万股，同时，将其余 8 万股报盘，这显然有抽逃资金的嫌疑（王大磊明知多买

9.9万股,且其资金只够买1.1万股),是一种恶意行为,导致以后损失的进一步扩大。证券公司获悉王大磊有抽逃资金的嫌疑,立即采取措施,在征得证交所同意后,将王大磊所有的股票和资金全部划入自己的账下,这是一种合法的自我保护措施。

另外,在本案中还有一个代理问题,即郑洋接受王大磊的委托,在证券公司买卖股票,因郑洋一时疏忽,误写数字,造成超越代理权的事实。然而,在"红字委托"发生后,郑洋向王大磊汇报了有关情况,并且王大磊也着手解决纠纷,同意证券公司卖出股票。因此,可以认定,王大磊事后追认了郑洋超越代理权的行为,郑洋在本案中的一切行为,均应由王大磊承担民事责任。可见,本案原告在整个纠纷的发展过程中,不仅对"红字委托"的产生负有主要责任,而且背弃了与被告的约定,错过了减少损失的最佳时机,在造成损失扩大上更负有全部责任。据此,法院根据《民法通则》有关民事责任的规定,作出上述判决,无疑是正确的。

【法律依据】

《民法通则》第63条规定:"公民、法人可以通过代理人实施民事法律行为。

代理人在代理权限内,以被代理人的名义实施民事法律行为。被代理人对代理人的代理行为,承担民事责任。

依照法律规定或者按照双方当事人约定,应当由本人实施的民事法律行为,不得代理。"

《民法通则》第66条规定:"没有代理权、超越代理权或者代理权终止后的行为,只有经过被代理人的追认,被代理人才承担民事责任。未经追认的行为,由行为人承担民事责任。本人知道他人以本人名义实施民事行为而不作否认表示的,视为同意。"

《民法通则》第106条规定:"公民、法人违反合同或者不履行其他义务的,应当承担民事责任。

公民、法人由于过错侵害国家的、集体的财产,侵害他人财产、人身的,应当承担民事责任。

没有过错,但法律规定应当承担民事责任的,应当承担民事责任。"

农民股票离奇被盗　证券公司难辞其咎

【案情回放】

2002年1月,股民杨思明在某证券公司办理了上海证券交易所股票账户及证券交易资金账户卡,并分两次存入证券资金共计200 000元。2003年3月26日,杨思明以书面委托方式并以每股18.75元的限价买入股票10 600股。该股票于2005年5月11日被抛售,抛售后账户资金结余210 264.15元。此后该账户股票被多次炒作。该账户自2003年8月12日被第一次提取现金6 500元至2003年11月19日被提取现金400元止,共提取14次现金计80 600元。至2004年6月30日账户余额为103.77元。2005年5月杨思明前往渤海营业部处查询股票,发现余额为103.77元。上述杨思明股票业务的承办人为证券公司员工李金明。杨思明称自己只在2003年3月26日买入股票,此后的操作均为他人冒名操作,并与证券公司交涉要求赔偿。

2005年6月20日李金明支付杨思明赔偿款80 600元,并由杨思明写下收条言明:王某委请李金明转来80 600元。2006年2月15日,杨思明向法院起诉,要求证券公司赔偿证券资金损失133 560.38元,并承担利息损失56 493元。审理中,杨思明称开户来自己只在2003年3月26日买入股票10 600股,此后从未委托他人代为炒股,证券公司称杨思明账户的股票是由王某冒名抛售并反复操作,提取了14笔现金共计80 600元,并提供了委托人为王某的委托单8张,证券公司另提供了2003年3月26日至2006年5月26日该股票股价及账户股票市值变化情况表及该股票发展周线图,以证明杨思明的损失不超过80 600元,而杨思明已收到李金明支付的80 600元赔偿款,故杨思明要求证券公司赔偿证券资金损失133 560.38元及相应利息的请求,应予以驳回。

【审理结果】

初审人民法院经审理认为:当事人对自己提出的主张有责任提供证据。证券公司及其从业人员应当根据当事人的委托为其办理证券买卖业务。被告称杨思明账户的股票是由王某抛售并反复操作,而杨思明对王某的操作未予认可。证券公司让王某操作杨思明的账户股票是有过错的,现王某下落不明,证券公司对王某造成杨思明的损失应承担赔偿责任。赔偿金额以杨思明实际损失为限。杨思明称开户来自己只在2003年3月26日买入股票10 600股,此后从未委托他人代为炒股,自己在2005年5月才知道自己股票被他人操作。故证券公司认为杨思明的损失应该是2005年5月其发现10 600股股票被抛售至今任何一天的市值减去其账户的余额作为实际损失的观点,予以认可。证券公司提供了2003年3月26日至2006年5月26日该股票股价及账户股票市值变化情况表及该股票发展周线图,说明自2005年5月至2006年5月该股票的市值不超过80 600元,而杨思明已收到李金明支付的80 600元赔偿款。故杨思明要求证券公司赔偿证券资金损失133 560.38元,并承担利息损失56 493元的请求,依据不足,不予支持。该院遂判决驳回杨思明的诉讼请求。

杨思明不服一审判决,向上级人民法院提起上诉,请求二审法院撤销原判,依法改判。

二审中级人民法院经审理认为:由于股票是一种随着证券市场行情变化进而发生股值涨跌的有价证券,有别于通常意义上的物,因此投资人购入的股票被盗卖后,有权要求相关侵权人返还财产即股票,也可以要求侵权人赔偿因侵权行为给其造成的损失。本案中,杨思明不要求返还股票而主张赔偿损失,符合法律规定。至于证券公司因未尽安全保障义务,直接给杨思明带来的损害结果应为2005年5月之后杨思明有意进行股票交易时,因股票已被盗卖而丧失的交易机遇和可获利益。但从2005年5月至今为止,该股票的最高价仅为每股7.03元,且总市值并未超过80 600元,因此证券公司赔偿80 600元,已经能够弥补杨思明的实际损失。据此,该院判决驳回上诉,维持原判。但因本案成讼的缘起皆因证券公司的违规失职行为造成,由此产生的一、二审诉讼费用该院判决均应由证券公司承担。

【法理评说】

本案是一起比较典型的证券机构没有履行安全保障义务导致客户账户内股票被盗卖、翻炒,股款被盗提的股票纠纷案。由于杨思明无法找到盗卖人王某向其追索,故其只能起诉有过错的证券公司,要求赔偿损失。从本案一、二审来看,双方当事人的争议焦点主要是杨思明账户内的股票被盗卖、翻炒、股款被盗提后,证券公司应承担何种民事责任以及赔偿数额如何确定的问题。

在审判实践中,如果客户的股票被盗卖、翻炒,股款被盗提,除非证券机构能举证证明其没有过错,或有其他免责事由,否则应对客户损失承担相应的民事责任。但是究竟应承担何种民事责任,现今由于法律、法规的欠缺与不完善,司法实践并未形成共识,各地裁决不一,有的认为应返还同种类、同数量的股票,有的认为应折价赔偿。本案中,对于证券公司违背了保障股民交易安全义务的规章制度的过错行为,双方并无争议,关键在于造成客户杨思明股票被盗卖、翻炒、股款被盗提的侵权后果,证券公司民事责任的确定问题。我国民法通则第117条规定了侵权民事责任的方式即应当返还财产,不能返还财产的,应当折价赔偿。股票属于种类物,可以在不同时间、地点买入同一种类、同一数量的股票,所以股票侵权行为的民事责任,以返还财产为主是恰当的,且本案所涉的证券的股票仍然在股票市场上挂牌交易,因此完全可以向杨思明返还10 600股该股票。又因为股票价格是随市场波动的,以什么价位作为计算损失的依据,目前尚未有法律、法规或司法解释作出规定。但是,这不是说客户不可以直接提出赔偿损失请求,要求返还股票抑或是赔偿损失是由客户来作出选择的,所以本案中,杨思明起诉不要求返还股票而主张赔偿损失,是符合法律规定的。

本案中,杨思明认为应以侵权行为发生之日即2005年5月11日,10 600股该股票被初次盗卖的价格来计算实际损失。但是按照民法上的侵权理论,一般民事侵权行为的构成要件包括:行为人实施了民事法律行为,包括作为与不作为;行为相对人遭受了实际损害;损害和行为之间具有因果关系;行为人主观上有过错,包括故意和过失。只有同时具备上述四个条件,侵权行为人才应承担相应的民事赔偿责任。如果侵权行为人虽有侵权的违法行为,但行为相对人并未由此遭受损害,或损失与侵权行为无关,是不能令侵权行为人承担赔偿责任。据此,杨思明以投入的证券资金购入10 600股该股票后,其拥有的是对该股票的所有权,由于股票价格往往受企业经营状况、经济、市场等方面的影响,时涨时落,瞬息万变,现已非投入时固定的证券资金数额。

首先,杨思明购买10 600股该股票后直至2005年5月之前,未再委托他人进行股票买卖,可以认定在2005年5月11日至2005年5月间,其从未有过交易股票的意愿,故在此期间因股票市场波动形成导致的股价涨跌的变化,属于投资人买入股票后市场风险的范围,其本应自行承担。

其次,2005年5月11日之后虽然发生了证券公司因违规操作导致杨思明所购股票被他人盗卖等一系列侵权行为,但证券公司的侵权行为即使不发生,杨思明所购股票的股价在此之后亦已发生下跌,那么可以说盗卖股票还相对减少了杨思明的损失,故与证券公司的侵权行为无必然联系,亦非该侵权行为所造成的损害后果。最后,根据侵权损害认定的一般规则——利益比较方法,即只要将侵权行为相对人请求赔偿时之利益状况与无侵权责任事实发生时相对人应有利益状况相比较后,有利益减少或丧失之变动,即属受有伤害。本案中,如果证券公司未侵权,股票未被盗卖的话,那么杨思明可以在2005年5月查看股票账户之后至提起诉讼之时的任一时间点进行股票交易。但从2005年5月至本案审结之日为止,该股票的最高价仅为每股7.03元,10 600股的市值及其法定利息并未超过80 600元。因此在将杨思明提起赔偿损失请求之诉时的利益状况与无侵权责任事实发生时杨思明应有利益状况相比较后,杨思明的损失没有超过80 600元,现证券公司已赔偿80 600元,足以弥补杨思明的实际损失,故法院判决驳回了杨思明的诉讼请求。

值得一提的是,二审法院的判决结果并非否认证券公司存在过错,其违反法定程序,未尽严格审查以保障客户资金安全的义务,草率"放行",给他人提供了盗卖、盗买股票、盗提资金的可乘之机,理应对杨思明的损失承担民事责任。虽然其后作出了相应的赔偿,但本案成讼的缘起皆因证券公司的违规失职行为造成,故为了对证券公司有所警示,促使其健全内部管理,规范操作行为,严格按法、按章行事,以保障证券交易秩序和交易安全,维护证券投资者的合法权益,二审法院判决一、二审诉讼费用均应由证券公司全部承担,是比较合理和妥当的。

【法律依据】

《民法通则》第117条规定:"侵占国家的、集体的财产或者他人财产的,应当返还财产,不能返还财产的,应当折价赔偿。

损坏国家的、集体的财产或者他人财产的,应当恢复原状或者折价赔偿。

受害人因此遭受其他重大损失的,侵害人并应当赔偿损失。"

情人被诉盗窃　法院判决无罪

【案情回放】

2002年8月,某地农民王俊在网上聊天时结识一位自称已离异的外地中年女子李燕,二人聊得非常投机,并互留联系方式。不久,李燕就约王俊前去见面。见面后,两人互有好感,李燕遂将王俊带到其所住公寓同居数日。其间,李燕得知王俊炒股颇有心得,而自己炒股常被套住,便将自己的股票卡、账号、密码告知王俊,委托其操作。几天后,王俊因做生意需资金周转向李燕借钱,但李燕说已被股票套住,只拿出5 000元送给其用。次日,王俊拿上李燕放在桌上的身份证及委托其管理的股票卡等在证券公司取款6万元,然后将李燕的身份证、股票卡等用信封封好后交公寓保安还给李燕。事实上,李燕并未离婚,其丈夫在外地办公司,得知了此事,李燕向丈夫认了错,并于同年11月向公安机关报了案。次年春节后,王俊到李燕所住地谈生意时,又与李燕同居数日,并将3万元还给李燕,同时,还向李燕出具了一张借条,承诺在三个月内还清余款。不久,王俊即在家中被公安机关抓获。

【审理结果】

法院在审理过程中认为,王俊的行为系超越代理权与自己订立合同的行为,不构成犯罪,理由有三。

1.王、李二人存在委托炒股关系:王俊为李燕炒股,将管理其股票卡、账号、密码。

2.王俊的行为非秘密窃取:所谓秘密窃取,是指行为人采取自认为不为财物所有者(管理者)发觉的方法,取得其财物。而本案中,王俊取款时出示并填写了自己的身份证号码,签了自己的名字,后又将李燕的身份证等通过保安还给李燕,不存在不被发觉和窃取。

3.王俊的行为属超越代理权之行为:王俊从代为管理的股票中提款借给自己使用,超越了其代理权限,系超越代理权与自己订立合同的行为。

法院最终认定被告人王俊无罪,并作出无罪判决。

【法理评说】

本案王俊的行为是否构成盗窃罪应从其主观目的和客观表现这两方面分析。首先,王俊从代为管理的股票中提款的目的是借款,且出具了借条并归还了部分款项,不存在非法占有的主观目的;其次,盗窃罪是行为人实施犯罪时,通过秘密窃取的手段将不在其控制之下财物据为己有,而本案中王俊所提款项系在自己的控制之下,不存在秘密窃取的客观表现。因此,本案王俊的行为不构成盗窃罪。

代理权是指代理人在代理权限内享有以被代理人的名义与第三人实施法律行为,由此产生的法律后果直接由被代理人承担的权利。根据我国《民法通则》的规定分委托代理、法定代理和指定代理三种。委托代理是基于被代理人的委托而发生的代理；法定代理是基于法律的直接规定而发生的代理；指定代理是基于人民法院或者有关单位的指定行为而发生的代理。本案中，李燕委托王俊代为管理股票卡，应认定为委托代理。

越权代理是指代理人虽然享有代理权，但在实施代理行为时却超越了代理权的范围。合同法第四十八条规定：行为人没有代理权、超越代理权或者代理权终止后以被代理人名义订立的合同，未经被代理人追认，对被代理人不发生效力，由行为人承担责任。相对人可以催告被代理人在一个月内予以追认。被代理人未作表示的，视为拒绝追认。合同被追认之前，善意相对人有撤销的权利。撤销应当以通知的方式作出。

超越代理与其他无权代理相比有显著的特征：①代理人在实施代理行为时，具有一定的代理权限。如果代理人没有获得委托人的任何授权，或者其所享有的代理权已经终止，就只能构成没有代理权的无权代理或者代理权终止后的无权代理，而不能构成越权代理。②代理人在实施代理行为时，超越了委托人的授权范围。也就是说，代理人实施的代理行为虽然与其获得的代理权有关，但却超出了具体的权限范围。如果代理人的代理行为在代理权限之内，就属于有权代理，而不会构成无权代理。在越权代理的情况下，代理人超越代理权的范围从事的代理行为构成无权代理，其法律后果应由代理人自行承担。如果代理人的代理行为中只有一部分属于越权代理，其余的部分仍然在代理权的范围之内，那么就仅仅是该超越代理权的部分构成无权代理，其他部分仍应认定为有权代理。

王俊的行为属于超越代理权与自己订立合同的民事行为,其不构成犯罪,理由如下:

(1)委托关系 王、李二人存在委托代理关系。李燕委托王俊为其炒股,并管理其股票卡、账号、密码。

(2)非秘密窃取行为 所谓秘密窃取,是指行为人采取自认为不为财物所有者(管理者)发觉的方法,取得其财物。而本案中,王俊的行为属于非秘密窃取行为。王俊取款时出示并填写了自己的身份证号码,签了自己的名字,后又将李燕的身份证等通过保安还给李燕,不存在不被发觉和窃取。

(3)超越代理行为 王俊从代为管理的股票中提款借给自己使用,超越了其代理权限,系超越代理权与自己订立合同的行为。

因此,本案王俊的行为应认定为超越代理权与自己订立借款合同的民事违法行为。

【法律依据】

《民法通则》第63条规定:"公民、法人可以通过代理人实施民事法律行为。

代理人在代理权限内,以被代理人的名义实施民事法律行为。被代理人对代理人的代理行为,承担民事责任。

依照法律规定或者按照双方当事人约定,应当由本人实施的民事法律行为,不得代理。"

《民法通则》第64条规定:"代理包括委托代理、法定代理和指定代理。

委托代理按照被代理人的委托行使代理权,法定代理人依照法律的规定行使代理权,指定代理人按照人民法院或者指定单位的指定行使代理权。"

《民法通则》第66条规定:"没有代理权、超越代理权或者代理权终止后的行为,只有经过被代理人的追认,被代理人才承担民事责任。未经追认的行为,由行为人承担民事责任。本人知道他人以本人名义实施民事行为而不作否认表示的,视为同意。

代理人不履行职责而给被代理人造成损害的,应当承担民事责任。

代理人和第三人串通,损害被代理人的利益的,由代理人和第三人负连带责任。"

《合同法》第48条规定:"行为人没有代理权、超越代理权或者代理权终止后以被代理人名义订立的合同,未经被代理人追认,对被代理人不发生效力,由行为人承担责任。

相对人可以催告被代理人在一个月内予以追认。被代理人未作表示的,视为拒绝追认。合同被追认之前,善意相对人有撤销的权利。撤销应当以通知的方式作出。"

《刑法》第264条规定:"盗窃公私财物,数额较大或者多次盗窃的,处三年以下有期徒刑、拘役或者管制,并处或者单处罚金;数额巨大或者有其他严重情节的,处三年以上十年以下有期徒刑,并处罚金;数额特别巨大或者有其他特别严重情节的,处十年以上有期徒刑或者无期徒刑,并处罚金或者没收财产;有下列情形之一的,处无期徒刑或者死刑,并处没收财产:

(一)盗窃金融机构,数额特别巨大的;

(二)盗窃珍贵文物,情节严重的。"

最高人民法院关于审理盗窃案件具体应用法律若干问题的解释(以下简称《法释〔1998〕4号》)

根据《法释〔1998〕4号》文第1条规定："根据刑法第264条的规定,以非法占有为目的,秘密窃取公私财物数额较大或者多次盗窃公私财物的行为,构成盗窃罪。

(一)盗窃数额,是指行为人窃取的公私财物的数额。

(二)盗窃未遂,情节严重,如以数额巨大的财物或者国家珍贵文物等为盗窃目标的,应当定罪处罚。

(三)盗窃的公私财物,包括电力、煤气、天然气等。

(四)偷拿自己家的财物或者近亲属的财物,一般可不按犯罪处理;对确有追究刑事责任必要的,处罚时也应与在社会上作案的有所区别。"

人身保险有约定　赔偿责任不能免

【案情回放】

2001年11月27日,某村民王明(原告)与被告中国平安人寿保险股份有限公司某分公司(被告)签订了保险合同,合同约定原告投保主险平安康泰人身险,保险金额为20 000元,附加险为意外伤害保险,保险金额为10 000元。附加意外伤害保险条款约定"被保险人因遭受意外伤害事故,并自事故发生之日起180日内进行治疗,本公司就实际支出的合理医疗费用超过100元的部分给付意外伤害保险金。"附加意外伤害保险条款还规定了11项免责条款,但合同中没有约定原告如受第三人侵权而得到第三人的赔偿,被告可以对第三人已经赔偿的部分不支付保险金。保险合同签订后,原告按约履行了合同义务。

2004年9月7日,原告驾驶两轮摩托车因与案外人张天驾驶的小客车相撞而受伤。经住院治疗,共支出医疗费用20 195.57元,该医疗费用由肇事车主支付了13 600元,原告支付了6 595.57元。此后,原告依据意外伤害保险条款向被告主张意外伤害保险金10 000元,被告仅向原告支付了保险金6 595.57元,拒付差额3 404.43元,原告提起诉讼,要求判令被告支付保险金3 404.43元。

被告辩称,保险实行损失赔偿原则,在本案中原告实际支出的医疗费用只有6 595.57元,对此被告已进行了足额赔付。现原告要求取得损失以外的利益于法无据,故请求驳回诉讼请求。

【审理结果】

2006年7月2日,一审人民法院依照保险法第二条、合同法第44条第一款、第60条第一款的规定,判决:被告于本判决生效后十日内向原告支付意外伤害保险金3 404.43元。一审判决后,原被告均未上诉,判决已发生法律效力。

【法理评说】

人身保险的标的是人的寿命和身体,保险利益为人的人格利益。投保人发生死亡、伤残等事故,对其本人及家庭所带来的损失不仅是经济上的损失,更重要的是精神上的损害。因此,人身保险合同不应适用利益补偿原则。但是,法律并不禁止当事人在人身保险合同中约定实行损失赔偿原则。

在我国,人身保险合同不适用损失赔偿原则。这可以从保险法的总则、分则及相关规章三个层面得出:首先,从总则上看,保险法第二条规定,人身保险是投保人根据合同约定,向保险人支付保险费,当被保险人死亡、伤残、疾病或者达到合同约定的年龄、期限时承担给付保险金责任的商业保险行为。据此定义不难看出,对于人身保险,保险人给付保险金的前提仅是被保险人死亡、伤残、疾病或达到合同约定的条件,并没有"涉及赔偿损失"的涵义。其次,从分则上看,保险法第68条规定,人身保险的被保险人因第三者的行为死亡、伤残或疾病等保险事故的,保险人向被保险人或受益人给付保险金后,不享有向第三者追偿的权利。但被保险人或受益人仍有权向第三者请求赔偿。从这一规定可知,法律不禁止投保人在获得保险金后再向侵权人请求赔偿,反之亦然。这就充分说明人身保险合同不是损失赔偿性合同。再次,中国保险监督管理委员会于1999年12月15日发布了《关于界定责任保险和人身意外伤害保险的通知》,该通知第一条指出,责任保险属于财产保险业务,由财产保险公司经营;人身意外伤害保险属于人身保险业务,由人寿保险公司经营。第二条第四项指出,责任保险的保险金额是赔偿限额,保险事故发生后,保险人按被保险人对第三者实际承担的民事赔偿责任核定保险赔款,并且保险赔款以不超过保险金额为限,保险人赔款后依法享有代位求偿权;人身意外伤害保险适用定额给付原则,赔偿金额是根据保险合同中规定的死亡或伤残程度给付标准来给付保险金,保险人给付保险金,不产生代位求偿权。由该通知可以看出,损失赔偿原则和定额给付原则是互不包容的一对范畴,该通知规定,对于属于财产保险的责任保险,适用损失赔偿原则;而对属于人身保险的意外伤害保险则适用定额给付原则。综据上述,在我国人身保险不实行损失赔偿原则。人身保险之所以不实行损失赔偿原则的主要理由在于人和财产的区别,人和财产的最本质的区别在于人具有感觉、思维和精神,被保险人因保险事故的发生而造成的医疗、误工、营养、交通等物质损失当然是可以计算的,但因事故而造成的生理和心理痛苦却是无法衡量的。如果保险法不考虑人和财产的本质区别这一因素,区分人身保险和财产保险也就没有实质意义了。另外,从保险法律的文字表述上也可以看出人身保险合同不适用损失赔偿原则。无论是保险法总则、分则,还是保险规章,对财产保险支付保险金均用"赔偿"来表述,而对人身保险支付保险金均用"给付"来表述。

保险合同是投保人与保险人为设立保险法律关系,确定双方权利义务而订立的协议。它和其他种类的经济合同一样,属于私法的调整范畴,适用私法的意思自治原则,只要根据意思自治的约定不具有合同法第五十四条规定的任一种情形,那么约定就是有效的。如前所述,虽然保险法律规定人身保险不实行损失赔偿原则,但保险法律也并未禁止保险当事人可以就人身保险金的给付实行损失赔偿原则进行自由约定。在本案的保险合同中,原被告双方在责任免除条款中并未约定原告如受第三人侵权而得到第三人的赔偿,被告可以对第三人已经赔偿的部分不支付保险金。因此从保险合同的文义来讲,被告的抗辩缺乏合同依据。原告依据保险合同,根据合同的相对性向被告主张保险金给付责任并无不当。

【法律依据】

《保险法》第 2 条规定:"本法所称保险,是指投保人根据合同约定,向保险人支付保险费,保险人对于合同约定的可能发生的事故因其发生所造成的财产损失承担赔偿保险金责任,或者当被保险人死亡、伤残、疾病或者达到合同约定的年龄、期限时承担给付保险金责任的商业保险行为。"

《保险法》第68条规定:"人身保险的被保险人因第三者的行为而发生死亡、伤残或者疾病等保险事故的,保险人向被保险人或者受益人给付保险金后,不得享有向第三者追偿的权利。但被保险人或者受益人仍有权向第三者请求赔偿。"

《合同法》第44条规定:"依法成立的合同,自成立时生效。

法律、行政法规规定应当办理批准、登记等手续生效的,依照其规定。"

《合同法》第60条规定:"当事人应当按照约定全面履行自己的义务。

当事人应当遵循诚实信用原则,根据合同的性质、目的和交易习惯履行通知、协助、保密等义务。"

关于界定责任保险和人身意外伤害保险的通知（以下简称《保监发〔1999〕245号》）

根据《保监发〔1999〕245号》文规定:"一、根据《中华人民共和国保险法》第九十一条的规定,责任保险属于财产保险业务,由财产保险公司经营;人身意外伤害保险属于人身保险业务,由人寿保险公司经营。以由于被保险人的侵权行为造成他人人身伤害依法应承担的民事赔偿责任为保险标的的保险,属于责任保险。

二、责任保险与人身意外伤害保险界定的原则:

(四)责任保险适用补偿原则,责任保险的保险金额是赔偿限额,保险事故发生后,保险人按被保险人对第三者实际承担的民事赔偿责任核定保险赔款,并且保险赔款金额以不超过保险金额为限,保险人赔款后依法享有代位求偿权;人身意外伤害保险适用定额给付原则,赔偿金额是根据保险合同中规定的死亡或伤残程度给付标准来给付保险金,保险人给付保险金,不产生代位求偿权。"

参考文献

1. 程红云.人身保险合同当事人能否约定损失赔偿条款.中国法院网.(2008-10-15)[2009-03-20]. http://www.chinacourt.org/html/article/200810/15/325327.shtml.

2. 陈明.股权转让合同效力与股东登记的几个问题.公文易文秘资源网.(2007-11-16)[2009-03-20]. http://www.govyi.com/lunwen/2007/200711/182101.shtml.

3. 丁惠,王婷.意外伤害医疗保险是否适用损失赔偿原则.中国法院网.(2007-07-18)[2009-03-20]. http://www.chinacourt.org/public/detail.php id=257133.

4. 姜旭阳.股票被盗卖、股款被盗 证券经营机构应如何担责.中国法院网.(2007-04-04)[2009-03-20]. http://www.chinacourt.org/html/article/200704/04/241052.shtml.

5. 蒋继业,徐天骅.工商登记不是股权转让协议是否有效的要件.资本市场法治网.(2008-10-14)[2009-03-20]. http://www.chinacapitallaw.com/article/default.asp?id=1110.

6. 刘常俭.股东会决议效力之争[N/OL].新华网河北频道(2009-02-27)[2009-03-25]. http://www.he.xinhuanet.com/news/2009-02/27/content_15810884.htm.

7. 罗青松,郑晓玲.股东不合理转让股权可依法撤销——浙江高院判决陈艳与汪建刚、汪健股份转让案.中国法律资源网.（2007-01-18）[2009-03-20]. http://www.lawbase.com.cn/lawcase/lawbase_@2538.htm.

8. 彭弘卫.何关照诉中国人民财产保险股份有限公司保险合同案.[2009-03-20]. http://www.fsou.com/html/text/fnl/1175223/117522315.html.

9. 秦拓.周森兴诉中国人民财产保险股份有限公司深圳市分公司宝安支公司保险合同案.[2009-03-20]. http://www.qzr.cn/vip/30550.shtml.

10. 上海市静安区人民法院.黎传雄股票灭失申请公示催告案.中国法院网.（2003-03-26）[2009-03-25]. http://www.court.gov.cn/popular/200303260142.htm.

11. 田建中,王应清.股票被盗卖 法院判证券公司赔偿股民25万余元［NOL］.国际新闻网.（2008-02-19）[2009-03-20]. http://www.guojinews.com/new/tailPAGE/show_dfnew.asp num=60567.

12. 肖晖.从代为管理的股票卡中提款的行为是盗窃还是超越代理权.中国法律资源网.（2006-08-10）[2009-03-30]. http://www.lawbase.com.cn/lawcase/lawbase_@1338.htm.

13. 叶映红,张迈.违法股东会决议效力应予否认[N].人民法院报（2007-01-18）.

14. 祝铭山.2004.工商行政诉讼-典型案例与法律适用（行政类4）[M].北京:法律出版社.49~58.